千秋红岩

重庆红岩革命历史博物馆◎编写
朱军　吴绍阶◎主编

中央文献出版社
江苏凤凰教育出版社
Phoenix Education Publishing, Ltd

图书在版编目（CIP）数据

千秋红岩 / 重庆红岩革命历史博物馆编写. — 南京 ：江苏凤凰教育出版社，2018.5

ISBN 978-7-5499-7310-1

Ⅰ. ①千… Ⅱ. ①重… Ⅲ. ①革命传统教育－中国青少年读物 Ⅳ. ①D642-49

中国版本图书馆CIP数据核字(2018)第082734号

书　　名 千秋红岩
编　　写 重庆红岩革命历史博物馆
责任编辑 雷利军　万晓文
出版发行 中央文献出版社
江苏凤凰教育出版社（南京市湖南路1号A楼　邮编210009）
苏教网址 http://www.1088.com.cn
照　　排 红十月图文设计有限公司
印　　刷 三河市九洲财鑫印刷有限公司
厂　　址 河北省三河市灵山大口
开　　本 787毫米×1092毫米　1/16
印　　张 9
字　　数 118千字
版　　次 2018年5月第1版　2018年5月第1次印刷
书　　号 ISBN 978-7-5499-7310-1
定　　价 24.80元
网店地址 http://jsfhjycbs.tmall.com
邮购电话 025-85406265，85400774　短信 02585420909
E－mail jsep@vip.163.com
盗版举报 025-83658579

目 录

第一章　碧血丹心

第一节　人物和事件故事

《我的修养要则》

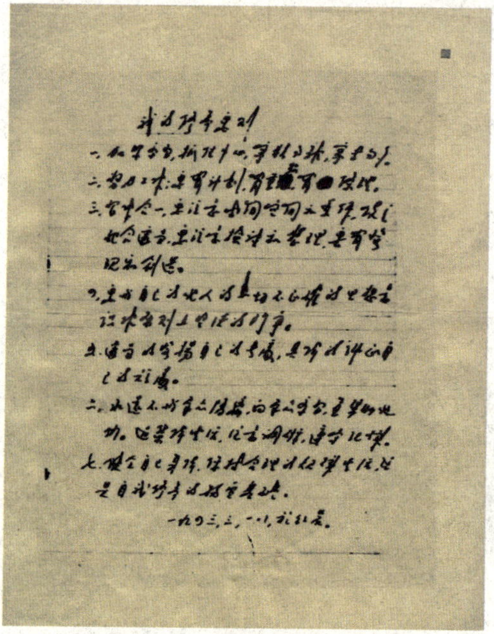

我的修养要则

一、加紧学习，抓住中心，宁精勿杂，宁专勿多。

二、努力工作，要有计划，有重心，有条理。

三、习作合一，要注意时间、空间和条件，使之配合适当，要注意检讨和整理，要有发现和创造。

四、要与自己的他人的一切不正确的思想意识作原则上坚决的斗争。

五、适当的发扬自己的长处，具体的纠正自己的短处。

六、永远不与群众隔离，向群众学习，并帮助他们。过集体生活，注意调研，遵守纪律。

七、健全自己身体，保持合理的规律生活，这是自我修养的物质基础。

一九四三，三，一八，于红岩。

周恩来《我的修养要则》

《我的修养要则》是抗战时期周恩来为自己45岁生日（农历）“安排”的一份特殊礼物。

1943年3月18日，初春的山城重庆乍暖还寒，细雨霏霏。这天正好是周恩来的45岁生日，正在红岩嘴八路军办事处参加整风学习的他没有丝毫声张，准备安静低调地度过这普通的一天。

时值中共中央南方局的整风学习已经一年多了，学习文件和重要讲话，联系工作和思想实际开展批评和自我批评，学习的各个阶段都是由周恩来、董必武亲自动员部署和总结报告。根据国统区斗争尖锐、环境复杂的特点，周恩来特别强调在整风学习中要结合自身实际，始终坚持高标准、严要求，要贯彻“惩前毖后，治病救人”“既要弄清思想，又要团结同志”的方针，采取“团结、批评、团结”及和风细雨、润物无声的“入脑、入耳、入心”的方式，进行正面教育，不把整风当整人[1]。在周恩来等人的引导教育和率先垂范下，中共中央南方局的整风学习开展得既有声有色又有条不紊，大家的精神面貌发生了很大的变化。

这天下午，周恩来在整风学习会上以自己为例，进行了深刻的自我剖析。他认真回顾了自己的家庭和参加革命以来的主要经历：自己出生在江苏省淮安市，家庭属于封建没落的官僚世家，由于家道中衰，从小跟随伯父到沈阳读书。以后又辗转天津、日本、法国和德国读书，最终确立了以共产主义作为自己的终身信仰……最后，他十分诚恳和谦逊地说："参加革命团体，迄今已廿年，经常处在实际工作的情况下，故培养了些工作能力，但理论修养不够，有些事务主义作风。由于母教的过分仁慈礼让，使自己也带几分女性的仁慈（如看见杀狗及其他生物总觉难过），缺乏一种顽强和野性，故对于党内错误路线的斗争，往往走向调和主义。"[2]

周恩来在读《新华日报》

周恩来在红岩村的办公室兼卧室

周恩来的经历几乎就是中国革命的缩影，他自己为这场革命做出了很大的牺牲和贡献，但他严于律己、几近苛求的自我反省和批评精神，直面不足的磊落情怀，勇于担当的坦荡胸襟，令与会同志们为之动容，深受感动和教育。这就是周恩来的风范，红岩人的风范。

---

① 童小鹏，《在周恩来身边四十年》（上），华文出版社，2015年版。

② 《伍云甫日记》，《南方局党史资料》，1987年第1期。

尽管周恩来和邓颖超没有声张，但红岩村的同志们还是记得当天是周恩来的生日。皖南事变后的重庆，政治空气十分沉闷，为了让周恩来的生日有些“气氛”，同志们决定“热闹一下”，特意于晚餐时准备了比平日多一些的菜肴，搞了一个简单的祝寿会。当周恩来毫无所知地走进来，看见同志们脸上真诚的情谊，一切都明白了，他非常感动，但表示不需要以这种形式过生日。他说，抗战建国大业尚未成功，唯有加倍努力才是。最后，推却不过同志们的盛情，周恩来吃了一碗寿面后离席。那一桌饭菜成了同志们“打牙祭”的佳肴。

匆匆而去的周恩来又在做什么呢？他回到办公室，结合当天的学习和讨论，想起当前相持已久的抗战形势，思绪万千，旋即铺纸提笔，慎重写下了《我的修养要则》。

一、加紧学习，抓住中心，宁精勿杂，宁专勿多。

二、努力工作，要有计划，有重点，有条理。

三、习作合一，要注意时间、空间和条件，使之配合适当，要注意检讨和整理，要有发现和创造。

四、要与自己的他人的一切不正确的思想意识作原则上坚决的斗争。

五、适当的发扬自己的长处，具体的纠正自己的短处。

六、永远不与群众隔离，向群众学习，并帮助他们。过集体生活，注意调研，遵守纪律。

七、健全自己身体，保持合理的规律生活，这是自我修养的物质基础。

周恩来当时已是中国共产党的主要领导人之一，又是国际知名政治家，却能在他人生的第45个春秋写下警醒自己的文字，实属难能可贵。

[知识链接]

中共中央南方局

以周恩来同志为首的中共中央南方局，是抗日战争时期和解放战争初期党中央派驻在国民党统治中心重庆的代表机关，于1939年1月在重庆正式成立。由于国民党不允许共产党进行公开活动，所以中共中央南方局是秘密的。在恶劣艰险的政治环境中，周恩来、博古、董必武、叶剑英、吴玉章、王若飞、邓颖超等老一辈无产阶级革命家率领一批同志坚定地、创造性地贯彻执行党中央的正确路线、方针和政策，为此进行了艰苦卓绝的斗争，为中华民族和中国人民的解放事业做出了不朽的历史贡献。

“红岩的小公共汽车”

抗战时期的红岩，流传着一段“红岩的小公共汽车”的佳话。

第二次国共合作期间，周恩来在重庆有多重身份，党内秘密身份是中共中央南方局书记，公开身份是中共首席谈判代表、国民政府军事委员会政治部副部长。国民政府为周恩来专门配备了一辆黑色雪佛兰小车。但是，他从来没有把这辆车当作个人的专车，而是规定所有需要的人均可以使用这部车，尽可能为大家提供方便。

当时的重庆，交通极不方便。从红岩嘴到城区，离城有好几公里，虽有公共汽车和马车可乘，但是车少人多，而且没有固定的发车和到站时间，因此往返城区主要靠步行。每逢要进城办事，周恩来总是要在办事处楼内的过道口向着各间办公室喊几声：“有没有要进城的，一块儿走哟。”于是，经常会出现这样的“盛况”：大人和小孩，战士和干部，还有“车主人”周恩来，都挤进车里，一路欢声笑语，热闹非凡。

办事处同志在小汽车前合影

办事处同志有急事出行，也总是使用这部车。办事处处长钱之光用过这部车；警卫交通运输科科长邱南章用这部车接送过进步青年；总务科科长牟爱牧用这辆车去购买过物资；乔冠华、张黎群、林蒙的夫人等生病时，都是由这辆小汽车送到城里的医院医治；重庆谈判期间，柳亚子来拜访毛泽东，可毛泽东不在，周恩来就让李少石用这部车将柳亚子送回其在沙坪坝的住所。专车不专，大家亲切地称之为“红岩的小公共汽车”。

这辆小汽车还承担着接送到红岩村汇报工作的地下党同志和重要客人的任务。红岩附近，特务机关密布，凡进出中共中央南方局的人，都会被监视和盯梢。因之，有人下山，往往随负责同志的车走。董必武的秘书陈于彤曾回忆道：我第一次离开红岩，由办事处总务科的牟爱牧同志护送，车开出后，在城里绕了些路，行经临江门一个岔道上开过去，到了国民党兵役署旁。老牟对我说，准备下车。忽然停了车，大家一起动手，匆匆拿下我的行李，我同我的爱人、孩子迅速下车。车子疾驰而去，甩掉了车后的尾巴。

一位原《新华日报》报童曾含着泪讲述了一段关于“红岩的小公共汽车”的故事：一天，我在大街上叫卖《新华日报》，报纸很快就卖完了，一名特务就来抓我，我拔腿就跑，特务就来追。就在特务要追上我的时候，一辆熟悉的小汽车在我面前一个急刹，只听得周副主席一声吆喝，我立即上了车，特务只能在车后干瞪眼。在车上，周副主席问我今天卖了多少份报，平时生活是否习惯，有哪些困难，等等，我都一一做了回答。他说，困难肯定是有的，《新华日报》在国统区是合法的报纸，特务们只能欺负你们这些小孩子，你们能躲就躲，不要去招惹他们。周副主席让司机先送我回《新华日报》总馆，随后才离开。事后我想，要是没有周副主席，我又免不了特务的一顿暴打。我只有多卖几份《新华日报》，才是对那些可恶特务的最好报复。①

从这辆小汽车上，我们看到了一位共产党员的本色。权力不能用来炫耀和标榜，领导干部也不应该滋生优越感，真正的成绩来自于人民的肯定。

[知识链接]

第二次国共合作

在抗日战争时期，中国共产党同中国国民党第二次建立合作，即抗日民族统一战线。1937年7月15日，中共中央向国民党政府提交了《中共中央为公布国共合作宣言》，9月22日，国民党中央通讯社发表了该宣言。次日，蒋介石发表谈话，实际上承认了中国共产党的合法地位，标志着抗日民族统一战线正式形成。根据国共两党协议，红军主力改编为国民革命军第八路军（后改称第十八集团军），南方十三个地区的红军游击队改编为国民革命军新编第四军（简称新四军）。

① 重庆红岩革命历史博物馆，《红岩精神与党的群众路线——群众路线教育实践活动培训教材》，重庆出版社，2014年版

黑暗是暂时的，光明一定会到来

1941年前后，抗日战争进入相持阶段。大后方重庆也迎来了数年不见的严冬天气，雨雪飘零，寒气彻骨。1月11日晚，化龙桥虎头岩下的《新华日报》总馆临时会议厅里，人头攒动，欢声笑语，灯火通明，热闹非凡，在漆黑的山坳下尤为显眼。原来，报社的全体同志正在筹备《新华日报》创刊三周年纪念晚会，并因周恩来的即将到来而充满喜悦和期待。

其时，时局危急，国民党顽固派蓄意制造摩擦，不断对新四军各部发动军事进攻，中共中央南方局按照中央指示，积极准备防范反共突发事变，反复同蒋介石政府谈判磋商、抗议警告。1940年12月25日，周恩来会见蒋介石。蒋介石称与周恩来是患难朋友，并说中共领导的部队如撤到黄河以北，可以影响全国，将大有作为，不撤他就要

《新华日报》创刊三周年工作人员留影

打，断定中共必然失败。他许诺只要新四军肯撤走，他保证通行无阻，只要肯撤过河北，担保至1月底绝不进兵。周恩来判定蒋介石在压、吓之外，又加上“哄”的一招，是“大灌米汤”，“其中必有文章”，并立即电告中央警惕第二次反共高潮的到来。①

面对复杂多变的时局和急转直下的严峻形势，日理万机的周恩来却不顾连日工作的疲劳，决定参加《新华日报》创刊三周年纪念活动，有其慎重考量：国民党的倒行逆施，好似笼罩在山城上空的迷雾，令人窒息，使人情绪低落，这种情况下充分发挥好我党在国统区唯一公开的宣传阵地的作用显得尤为重要，士气需要鼓舞，人心需要激励，引导和激发大家团结抗战的决心和勇气是中共中央南方局统一战线工作的责任，更何况《新华日报》在国统区艰难生存三周年绝非易事，早已成为人民的喉舌、抗战的号角，是我党在国统区的又一支方面军。

庆祝晚会开始不久，周恩来上台做关于抗战形势和当前《新华日报》主要任务的报告，台下屏息聆听，时而响起阵阵掌声和欢笑声，气氛温馨而热烈。这时，中共中央南方局两个机要人员神色凝重地匆匆赶进会场，其中一人直接快步踏上讲台，径直来到周恩来身旁，递给略微一愣的周恩来一封信。周恩来看见信封上“十万火急”四个字，心里“咯噔”一下，一种不祥的预感使他眉头骤然紧锁，莫非是新四军惨遭不测？他来不及多想，撕开电文翻阅，轻声读着，拿着电报的手几乎颤抖起来。

从电报紧急送达的情况，大家已经意识到发生了重大事件，在场所有人都带着疑惑的目光凝神注视着周恩来阅读电报时的表情。

周恩来缓慢抬起头来，紧握拳头，面色凝重，愤怒而冷峻。“同志们，”他用略带悲怆的语调说道，“我以沉痛的心情向大家宣布，我新四军军部9000余人在皖南被国民党顽固派军队围攻，死伤惨重，

① 金冲及，《周恩来传》（二），中央文献出版社，1998年版。

局势十分危急……”①

正在这时，会场电灯突然熄灭。台下瞬间出奇的安静，寒冷的空气仿佛凝固，面对突然传来的噩耗和骤然出现的黑暗，气氛顿时紧张起来，人们由低声细语的疑问逐渐演变成不安、担忧、愤怒的情绪，会场群情激昂，沸腾一片。

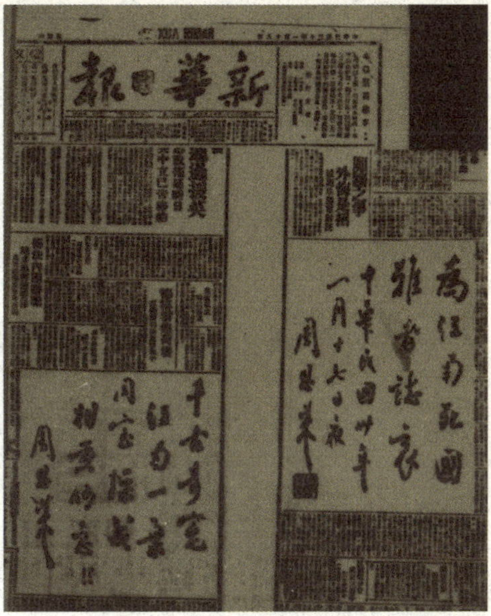
新華日報

為江南死國難者誌哀
中華民國卅年一月十七日夜
周恩來

千古奇冤
江南一葉
同室操戈
相煎何急!!
周恩來

《新华日报》刊登的周恩来为皖南事变题词

在一片黑暗和嘈杂声中，响起了周恩来洪亮而坚定的声音：“同志们，黑暗是暂时的，光明一定会到来！有革命斗争经验的人，都懂得怎样在黑暗和光明中奋斗，不但遇到光明不骄傲，更主要的是遇到黑暗不灰心丧气。只要大家坚持信念，不畏艰险，向前奋斗，并在黑暗中显示英勇卓绝的战斗精神，胜利是一定要到来的，黑暗是必然要被冲破的！”②会场顿时掌声雷动，人们面临困境时的决心和勇气被极大地调动起来。周恩来接着又强烈谴责国民党顽固派制造皖南事变的罪行，并相信新四军一定会冲破重围和黑暗：“刚才的消息说到新四军最近在向北移动中被国民党顽固派重重包围，但相信那些战士是会冲破包围和黑暗的。因为他们有必胜的信念和艰苦卓绝的毅力！”③

原中共中央南方局工作人员陈舜瑶在她的回忆文章中感叹道：这是铭心刻骨的一夜，毕生难忘的一夜。周恩来站在我们中间，我们屏息静听他的讲话，完全明白处境是何等艰险，从心灵深处感到外面夜黑雾重，春寒彻骨。红岩是被重重包围的孤岛，一旦国共关系破裂，国民党军警随时可能破门而入。我们要准备牺牲，甚至全体牺牲。但

①②③ 童小鹏，《在周恩来身边四十年》（上），华文出版社，2015年版。

是我们不是悲哀地相互告别，不是为哪个人慷慨赴死，我们是为打退国民党当局的猖狂进攻而临战誓师。不管有多大艰险，我们都不放过最后的可能性，一定要打退反共高潮。①

以周恩来为首的中共中央南方局在对国民党顽固派发动强大政治攻势的斗争中，及时揭露皖南事变真相，以民族利益为重、革命利益为先，恪守团结抗日的民族大义，赢得了国内外进步人士、社会各界的广泛同情和支持，维护了抗日民族统一战线和国共两党合作抗日的局面。他们身陷逆境，却始终对共产主义真理矢志不渝；临难不苟，凸显刚柔相济、力挽狂澜的卓越政治智慧；勇于牺牲，展现出共产党人在危难关头大义凛然的英雄气概。

董必武拂袖参政会

董必武在重庆

1943年9月18日，三届二次国民参政会即将召开。此时中共的7名参政员，只有董必武一人在重庆。根据情报，国民党将在这次会上做反共宣传和决议。16日，一篇声讨中共的社论在国民党《中央日报》上刊发，这是一个重要的预兆。也就是在这一天，董老接到了延安中共中央书记处的电报，支持董必武出席这次参政会，并授权董老“会中，如有反共报告提案及决议，视情况或当场抗议，或退席后再提书面抗议，由你依

① 中共中央党史研究室科研管理部、中共重庆市委党史研究室，《见证红岩》（上），重庆出版社，2004年版。

据具体情况行之”。[1]

国民党方面因为心里有鬼，怕董必武不出席这次参政会。17日清晨一大早，7点钟，国民党中央宣传部部长、参政会秘书长王世杰就来到曾家岩50号，寒暄之后，王世杰开门见山，直接说明来意：“参政会明天就要开了，怎么还没见你来报道呢？”[2]

“还早嘛，我人在重庆，就并没有打算不出席。但是听说你们要在会上声讨我们，那我又何必去自寻烦恼呢？”[3]董必武故意讽刺道。

“老兄啊，据我所知，政府绝没有要在会上声讨你们的意思，我保证。蒋主席也不会在会上说什么，至于其他个人意见在会上恐怕难以避免，但愿明天能在会上见到你。”[4]王世杰再三劝他的湖北老乡董必武一定要出席明天就要召开的参政会。

“会我是可以去开的，但是有一点，雪艇老弟，我必须有言在先，如果有人要在会上声讨我们，那我是一定要抗辩的！”[5]董老斩钉截铁，话语中透露出一种湖北人的英武果敢之气。

第二天上午9时，三届二次国民参政会如期在重庆国民政府军事委员会大礼堂召开了。会议的前三天竟然出奇的平静，但是大会主席团在议事日程安排上的一个细微的变化，却引起了董老高度的警觉，那就是惯由国民政府军政部部长何应钦代表军事委员会第一个做的军事报告，被安排在了大会的第四天下午，这将意味着什么呢？闹剧可能在后头。董老决定以静制动，拭目以待。

21日下午举行的第五次大会，该何应钦代表政府做军事报告了。果然不出董老所料，会议主持人、参政会副秘书长周炳琳突然宣布：今天下午的会涉及军事秘密，请各位记者离席，不准旁听。又一次违反惯例，事有蹊跷，董必武严阵以待。

记者们刚刚走出会场，何应钦就迫不及待地做起了他的军事报告。没有了舆论的监督，何应钦的胆子似乎大多了。他在报告中大讲

---

①②③④⑤ 厉华，《红岩风骨》，重庆出版社，2012年版。

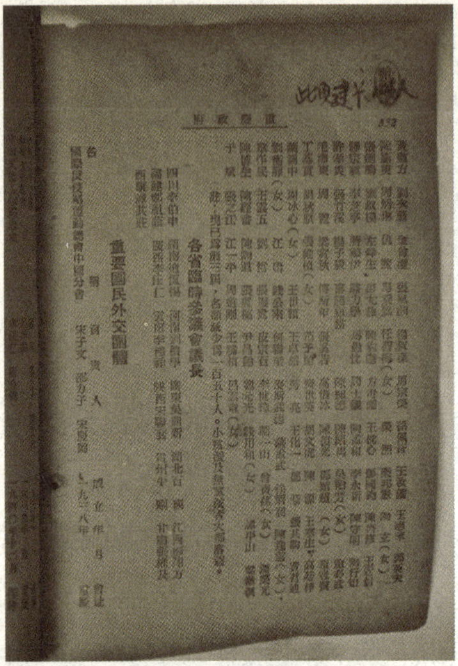

国民参政会参政员名单

特讲中共和第十八集团军几年来的种种“不法行为”，诸如，不顾大局，扩充实力，袭击友军，破坏抗战，割据地盘，破坏统一，滥发钞票，扰乱金融，破坏禁令，等等，不一而足。中共和第十八集团军简直就是犯了滔天大罪，罪该万死。何应钦滔滔不绝，信口雌黄，讲了近两小时，咄咄逼人，大张挞伐，一副“讨共”的架势。末了，何应钦还做出政府将宽大为怀的样子：“希望中共和第十八集团军实践诺言，放弃割据，不再袭击友军，以期军令政令之统一，在蒋主席领导下，共同完成抗战建国大业！”[①]

何应钦的军事报告，简直就是一篇声讨中共和第十八集团军的动员令，整个会场充满了火药味。董老静静地听着，奇文共欣赏嘛，他没有起来抗辩一句，而是在默默地记着何应钦的攻击“要点”，准备着反击的材料，他心里早就有数了。何应钦讲完，董必武立即按照议事规则，向何应钦提出质询。

“今天很荣幸，听了何总长的报告，特别是把蒋主席在国民党十一中全会上对中共的方针，在本会上宣布出来，这是很好的。可惜何总长今天代表政府报告军事，检讨自上届大会以来的战事，在讲到十八集团军时，只讲十八集团军同友军摩擦，没有一个字提到抗战，好像十八集团军只是为与友军摩擦而成立的部队，除与友军摩擦外，再没有别的事情可说了。”董老话中不无揶揄，“五年前，十八集团

① 重庆市政协文史资料研究会、中共重庆市委党校、中国第二历史档案馆，《国民参政会纪实（续编）》，重庆出版社，1987年版。

军奉蒋委员长的命令，深入敌后作战，那里敌人的扫荡是连续的，封锁是严密的，铁壁合围，三光政策，是大家都知道的……政府四年多没有补足它一颗子弹，三年没有发它一文钱。纵然如此，十八集团军还是在敌后坚持抗战，牵制住敌人十几个兵团的兵力，粉碎了敌人迭次扫荡。这些成绩，我们都报告了军事委员会的，但何总长代表军委会做报告时，检讨年来的战斗，为什么对十八集团军那样艰苦地在敌后作战一字不提，这难道不值得一提吗？对于这样的成绩不提，这不是一件小事。这是对十八集团军几十万人抗战的抹杀，对敌后几千万人民抗战的冷淡。”[①]董老理直气壮，先声夺人。

“其次，何总长报告十八集团军和友军摩擦，十八集团军和某部分友军相处不好。只说摩擦的现象，没有谈摩擦的原因。这样说不能解释问题，更不能解决问题。何总长所举中共和十八集团军不法行为，有的仅是片面的事实，有的是毫无事实。”[②]接着，董老就何应钦所讲的几件摩擦事件一一公布“摩擦”真相，叙述客观事实，澄清是非曲直，以正参政员们的视听。最后，董老问何应钦：“所有这些，我们都曾向军委会、何总长及张治中部长有过详细的汇报，不知何总部长是否看过？如果看过，又为何只字不提，凭空胡诌呢？”[③]

何应钦呆坐在主席台上，面带窘相，闭口不语。

董必武义正词严，根据何应钦的攻击“要点”逐一反驳，整个会场静得连掉下一根针都听得见，只有董老那激奋高昂、抑扬顿挫的湖北黄安腔在偌大的会场上空回荡。

参政员们把目光都投向了何应钦。显然，在这样铁一般的事实和妇孺皆知的道理面前，何应钦辩解也是徒劳。

董老环视会场，许多有正义感的参政员都向他投来赞许的目光，似乎在对董老说：太惬意，太痛快了。他掏出怀表，看了一下时间，

---

①②③ 重庆市政协文史资料研究会、中共重庆市委党校、中国第二历史档案馆，《国民参政会纪实（续编）》，重庆出版社，1987年版。

然后继续就何应钦报告中所讲的“中共造谣诬蔑中央派兵进攻边区”进行驳斥。董老列举的数据，细到连胡宗南包围边区的每一个部队番号、新旧驻地、兵种、长官、人数等都清清楚楚，有案可查。何应钦的头垂得更低了。

最后，董老讲到了“政府对中共和第十八集团军的宽大为怀”和“蒋主席的公与诚”。董老仅仅举了药品的例子：友邦援助我们大量的药品，十八集团军四年多没有领到一片。外国朋友专为第十八集团军募集的医疗器材和药品，被扣了三年，至今尚不发还。这难道就是政府的宽大为怀吗？“蒋先生以‘公’与‘诚’号召中国。当国的人真正是公与诚，中国的事没有弄不好的。大公可以服人，志诚可以感物。蒋先生高高在上，他纵有一番好意，但要在他下面做事的人能体会到并矢志奉行，才能见之于事实。凡事必须依照真正的公与诚去做，才能把中国弄好。我不知何总长有此同感否？”①

董老慷慨陈词，数据确凿，入情入理，语如连珠，一气讲了二十多分钟。整个会场鸦雀无声，时间在一分一秒地流逝。

突然，国民党参政员的席位开始骚动起来。国民党参政员王普涵、李汗鸣、王亚明三人起身离座，对董老的质询无端指责，大加抨击。董老强压怒火，待王亚明语音落地，愤而起身质问大会主席：“今天到底是讨论何总长的报告，还是讨论我的询问？我的询问应由何总长负责答复。讨论我的询问，是违反参政会议事规则的。若不能按照规则进行，我声明退席。”②

王普涵、李汗鸣、王亚明三人不顾一些参政员的怒目相向，还在那里强词夺理，大会执行主席不知是无可奈何，还是故意放纵，并未制止。董老见状，再次起身，环视一圈之后，拂袖离席，向着会场大门外义无返顾地走了出去。

---

①② 重庆市政协文史资料研究会、中共重庆市委党校、中国第二历史档案馆，《国民参政会纪实（续编）》，重庆出版社，1987年版。

董必武为六毛钱做检讨

1985年10月，81岁高龄的邓颖超重返山城重庆。

1944年秋，（左起）钱之光、林伯渠、董必武、王若飞在红岩村留影。

邓颖超在与红岩招待所原所长杨继干会面时，他们共同回忆起了一些往事。邓颖超万分感慨地说："那时我们的生活真够艰苦的呀！"①

杨继干说："是呀，我们当时一个月的伙食费只有三块法币。周副主席和董老先后下令，所有人的伙食标准一律一样，除了病人和孕妇。毛主席来重庆之后，看见我们尽吃些空心菜、白萝卜之类的蔬菜，觉得这里的伙食比延安的还差，才将伙食费增加到每人每月五元六角。那时，我觉得周副主席工作太累，就自作主张在早晨给他加了两个鸡蛋。他就问病人吃了些什么，孕妇吃了些什么，我说都已经安排好了。他说他的生活不要搞特殊，我只好把鸡蛋拿了出来。"②

邓颖超说："那时我们都一样。董老年龄最大，可他有时还把菜夹给我吃。"③

杨继干接着说道："按理说，董老应该受到照顾，可我不敢那么做。我还记得董老主持工作的时候，每个月的财务账目都由董老核查。一次，发现有六毛钱不翼而飞，始终平不了账，财务人员吓得在

①②③ 重庆红岩革命历史博物馆，《红岩精神与党的群众路线——群众路线教育实践活动培训教材》，重庆出版社，2014年版。

一旁不敢吱声。没想到董老没有狠狠地批评他们，而是在会上做了深刻的自我检讨，说是自己管理不严，疏忽大意。随后，他又向党中央去信，进行了自我检讨。中华人民共和国成立后，我去北京看望董老时，还提起过这件事情。他说应该那样做。”①

邓颖超说：“对呀，我也记得这件事，好像是1943年的事情。”②

杨继干说：“应该是1943年底的样子，那时周副主席回延安去了。”③

邓颖超叹了一口气，说：“你看，现在有的同志浪费国家几万、几十万都不心疼呀！”④旁边陪同的同志连连点头称是。

董必武是驻重庆时间最长的中共中央南方局领导人，一生清廉，严于律己，虽然长期担任党的领导职务，但从不搞特殊。解放战争时期，他分管党的经济工作，大力提倡节俭开支。他要求自己的伙食标准比别人的低，发给的衣物只要能凑合着用就不再领新的。中华人民共和国成立后，他担任党和国家的重要领导职务，依旧保持艰苦朴素、克己奉公的作风，并将“民生在勤，勤则不匮；性习于俭，俭以养廉”作为自己的座右铭。

---

①②③④ 重庆红岩革命历史博物馆，《红岩精神与党的群众路线——群众路线教育实践活动培训教材》，重庆出版社，2014年版。

红岩房东饶国模

在中国革命史上，重庆红岩村能成为八路军驻重庆办事处和中共中央南方局所在地而扬名天下，当地的女房东——饶国模则功不可没。邓颖超曾说过，没有饶国模，哪里有红岩。这位人称刘太太的农场主，虽然不是共产党党员，然而一生最大的满足便是周恩来对她的称呼——饶国模同志。

饶国模，1895年生于四川省大足县一个书香门第之家，是被誉为中华民国开国元勋的黄花岗七十二烈士之一的饶国梁之胞妹。1922年，她随夫携子来到重庆，创办三友实业社，成为重庆著名的女实业家。她的实业救国之路，却遭到丈夫的极力反对，导致两人发生分歧至婚变。为了爱国图志，饶国模牺牲了自己的婚姻幸福，并带着年幼的三个子女，开始了艰辛的创业历程。1930年，她投资买下重庆郊区500余亩荒地——红岩嘴（后改为红岩村），并题名为“大有农场”。经过七年多的辛苦经营，到抗战初期，红岩嘴大有农场已是花果满山，绿树成荫，花香馥郁，是重庆市近郊为数不多的私家农场之一。

饶国模在红岩村留影

1937年，国民政府决定将重庆作为国民政府战时的首都，以周恩来为首的中共代表团也随之迁至重庆。1938年夏季，侵华日军开始对战时重庆狂轰滥炸，大量房屋被毁，面对如此困境，八路军驻重庆办事处四处寻找办公地。

1939 年，正在修建中的八路军办事处大楼。

饶国模故居

1939年春，川东特委书记廖志高前往红岩村饶国模家，向饶国模儿子刘圣化等几名共产党员讲授党课，课后在刘圣化陪同下考察了这里的环境。随后，廖志高建议将八路军驻重庆办事处设立在红岩村内，并把考察情况向时任八路军驻重庆办事处处长钱之光、副处长周怡做了汇报。之后，川东特委向周恩来同志提交了一份报告：“饶国模，广州黄花岗七十二烈士之一饶国梁的妹妹，本人思想进步，同情革命，支持共产党。其大哥饶国栋，老同盟会员，后转国民党，现时在重庆大足县党部任职。其丈夫刘国华，国民党员，历任长寿县长、刘湘经济顾问等职，有过同情革命的履历，自刘湘受蒋介石排挤后，即去职，情绪消极，花天酒地，不再热心政治。其弟饶国材，1936年在成都加入我党；饶国材女儿饶友瑚、家侄刘文化，抗日战争爆发，也在上海、成都先后加入我党；饶国模、刘国华的三个子女，业已加入共产党，系我党新发展的党员。饶国模、刘国华的婚姻，实际上名存实亡。红岩嘴农场，事实上为饶国模独立经营。考察与饶国模周围来往接触的人，多系我地下党员和进步民主人士。红岩嘴农场，地处市郊，宽敞偏僻、安全、无干扰。无论租借现房或新修住房都极方便，且有较好的两面政治的掩护色彩。是否以此为目标解决中共中央南方局机关住址，请组织考虑。”①周恩来审定同意了这一选址方案。

在她的农场内修建办事处，饶国模是慨然应允和欣然延纳的，对共产党表示出极大的热忱和欢迎。她激动地对钱之光说：“我是到处想找共产党，而都不得入其门，你们今天自己来到我的家门口，我真是有说不出来的高兴。”②

1939年夏，办事处大楼在大有农场内竣工落成，成为中共中央南方局和八路军办事处在重庆的安身立命之所，正如董老后来所说“八载成功大后方，红岩托足少栖惶”。从此，饶国模积极参加了在中国共产党领导下的国统区的“反独裁、反内战、争民主、要和平”的政治运动，成为当时著名的民主斗士和很有影响力的社会活动家，实现了她人生最为美丽的蜕变。

在国民党的政治高压、“白色恐怖”下，饶国模为了国家民族利益，慷慨解囊，捐钱捐物。1931年九一八事变爆发后，她将准备扩大农场的二期建设资金全部捐献给东北义勇军，创下当年重庆个人捐献数额的最高纪录。1937年抗日战争全面爆发，她担任重庆妇女慰劳会委员兼劳动部部长，发动妇女缝制数千件棉背心慰劳抗战将士，并募集捐款支援前方抗战。1938年12月25日，她与共产党有了“第一次的握手”，当天《新华日报》和八路军办事处在重庆青年会堂召开新升隆轮遇难烈士追悼大会，她以大有农场的名义亲自送去了花圈和慰问金，声援共产党的抗战活动。1941年，国民党制造了震惊中外的皖南事变。事变后，国民党政府停发八路军的军饷，致使办事处几百号人的日常开支顿时陷入困境。得知此事后，她立刻拿出农场的现金

① 中国人民政治协商会议重庆市渝中区委员会文史资料委员会，《重庆市渝中区文史资料第17辑 渝中文物史话》，2007年。

② 重庆红岩革命历史博物馆，《红岩精神与党的群众路线——群众路线教育实践活动培训教材》，重庆出版社，2014年版。

帮助办事处渡过难关。与此同时，国民党当局又强迫粮商不准卖粮食给办事处，她便从铜梁乡下以农场工人购粮为由收购几车大米运回红岩村，解决了办事处无米下锅的窘境。1942年在国共两党激烈斗争之际，为了鼓励四川地方军人抗日，她将铜梁数十亩田产变卖的款额全部捐给四川地方军人做经营之用。抗战时期，名义上是她将红岩村租给八路军驻重庆办事处，但其间从未收取任何租金。她曾泰然面对国民党特务的责问："国家已到了生死存亡关头，每个有良心的中国人都有责任支持国共合作抗日，每个国民都应有钱出钱，有力出力，我有土地出租给他们有什么不可？爱国人人有责！"①

中华人民共和国成立后，饶国模将红岩村地产全部捐赠给重庆市人民政府。饶国模时刻以民族解放事业为重，深明大义，无私奉献，她利国、利民、利于抗战的盛世壮举才使得名不见经传的红岩成为抗战时期大后方人民心中的灯塔。

[知识链接]

八路军驻重庆办事处

八路军驻重庆办事处（即第十八集团军驻重庆办事处）是中国共产党设在国民党统治区的公开合法机关，于1939年1月正式成立，1946年8月奉命撤销。重庆办事处的任务是负责八路军与国民党政府军事当局之间的军事联络，办理八路军的后勤供给事务，以及动员大后方民众投入抗战。中共中央南方局在重庆成立后，秘密设在办事处内。实际上，办事处又是中共中央南方局的一个行政机构。中共中央南方局在这个公开合法机关的掩护下，进行了广泛的工作，坚持了长期的斗争。

① 重庆红岩革命历史博物馆，《红岩精神与党的群众路线——群众路线教育实践活动培训教材》，重庆出版社，2014年版。

许涤新屡吃“闭门羹”

许涤新与夫人方卓芬合影

1940年底中共中央南方局经济组成立，组长初由钱之光兼任，后改为许涤新。组员先后有刘芳华（后改名蔡北华）、古念良、方卓芬等人。经济组的主要任务是宣传党的财经政策，特别是陕甘宁边区和敌后抗日根据地的新民主主义财经政策，搜集国民党统治区的财经资料，开展工商界的统一战线工作。

当时的重庆，有许多从江苏地区迁来的工厂，集聚了一批民族企业家如刘鸿生、吴蕴初、胡厥文、吴羹梅、李烛尘等人，都是上层工商界颇具影响力的人物，川帮的胡子昂、潘昌猷、卢作孚也是当时有名的人物。这些民族资本家在国统区做生意，在国民党的宣传影响下，他们怕与中共人士接触而影响自己的生意。许涤新是经过一个相当艰难的过程，才同他们一个一个地认识并取得他们的信任。

当时重庆工商界有一个星五聚餐会，最多的时候参会人数达到200多人。许涤新找来两位既亲近中共又同上层资本家有接触的大姐——罗叔章和胡子婴，作为经济组与工商界联系的顾问。两位大姐介绍许涤新参加了星五聚餐会，并在会上介绍许涤新同这些有名人物见面。初次见面只能寒暄，待见过几次之后，才能泛泛地谈上一些。特别因为许涤新是以《新华日报》编辑的身份出面的，不少人怕同共产党接触而引起国民党特务的怀疑，对他很是回避。许涤新只好在聚餐会见过面之后，过几天再到他们的公司去拜访。许涤新认为，单人上门拜访，大概不至于给对方带来不方便吧。但事情并不简单，许涤新把名

许涤新在重庆中山三路263号中共代表团驻地留影

片送进去之后，明明听到主人在里面讲话，传达的人却出来对许涤新说主人不在家。这种闭门羹，许涤新是经常吃到的。有的开明的工商界人士在几次接到许涤新的名片后，终于请许涤新到客厅见面。纵然一下子没法谈得深刻，但是彼此间的友谊就渐渐建立起来了。

1944年，国民党军队在河南和湘桂两线急速崩溃。陈立夫指令会计师潘序伦和亚浦耳灯泡厂老板胡西园发动一部分工商界人士，发表了一个宣言，宣扬局势严重是由于“中央政府的军令政令不统一；军令政令的不统一，是中国共产党和八路军在起作用”。《中央日报》《扫荡报》以至《大公报》都以显著的版面位置发表了这篇宣言。许涤新为了说明真相，多次上门拜访这些工商界人士，刚开始说不到三句话就会被“送客”。经过多次工作，随着国民党与民族资产阶级的矛盾的加深，民族资产阶级人士（包括胡西园）对中国共产党的态度也逐渐发生着变化。

1945年1月中旬，王若飞、潘梓年和许涤新在重庆上清寺的特园邀请工商界人士座谈。由王若飞同志主持，应邀出席的有吴蕴初、李烛尘、章乃器、胡子婴、张树霖、马冠雄、张肖梅、马寅初、胡厥文以及吴味经等人。胡厥文、马寅初先后在会上发言，谴责国民党军队在豫湘桂战役的大溃败。这是中共中央南方局负责人同工商界人士第一次举行的规模较大的座谈会。几个月之后，周恩来从延安到重庆时，他同王若飞又在特园举行了规模更大的工商界人士座谈会，应邀出席的人就更多了。除刘鸿生、吴蕴初、章乃器、胡厥文、李烛尘、马寅初、吴羹梅之外，还有颜耀秋、陶桂林等人。中心议题是如何加强力量打败日寇，如何实现民主政治。刘鸿生、章乃器和李烛尘三人的发言相当动人。这一次座谈会比上一次谈得更深入、更生动活泼。

经过这两次座谈会，开展工商界上层人物的统战工作就好做得多了。许涤新同钱之光两人到章华毛纺厂去访问刘鸿生，刘鸿生是当时工商界资格较老的人物，素有“火柴大王”之称，除了火柴之外，他还经营呢绒业和水泥业。许涤新两人到公司时，刘鸿生笑容可掬地出来迎接。钱之光请教关于毛纺的染色问题，他回答得头头是道。不久，吴蕴初通过胡子婴邀请王若飞到其位于江北猫儿石的天厨和天利两厂参观。参加那次参观的，除王若飞外，还有钱之光、罗叔章、胡子婴和许涤新。吴蕴初一路陪着大家看这两个厂的生产特点，他的夫人也出来参加接待。她告诉许涤新，自己如何在日军占领香港时把天厨（设在香港）最重要的零件装在一根竹管里带到重庆。

经济组在抗战后期还开展了对川帮工商界上层人物的统战工作。川帮工商界受国民党官僚资本的排挤更为严重。许涤新经常独自一个人去访问胡子昂、潘昌猷、古耕虞、卢作孚等人，畅谈经济问题和社会问题。其中，卢作孚甚至将新建房屋建在红岩村，同八路军驻重庆办事处成为邻居。卢作孚是民生公司的创始人，1938年底领导了中国的“敦刻尔克大撤退”，大力发展抗战时期中国的交通事业，是一个著名的爱国实业家。他很信任许涤新，抗战胜利后办事处的许多同志从重庆回上海，正是由于民生公司的帮助而解决了交通问题。

1945年秋，毛泽东到重庆同蒋介石会谈期间，吴羹梅代表迁川工厂联合会和西南实业协会等三个团体，请求许涤新转达他们想与毛泽东见面的愿望。许涤新先把这件事向周恩来请示，周恩来考虑后认为接见他们可以扩大党对民族资产阶级的影响。当天晚上，毛泽东从上清寺回到红岩村时，周恩来叫许涤新同他一道去向毛泽东汇报。毛泽东询问了这几个团体的性质和要见面的人物之后，欣然答应。于是，9月17日下午，毛泽东在桂园会见了工商界的李烛尘、吴蕴初、刘鸿生、潘昌猷、颜耀秋和吴羹梅等人，许涤新和钱之光也参加了会见。

在见面会上，毛泽东说：在半殖民地半封建的中国，民族资本是没办法得到发展的；得到发展的，只有外国资本和买办官僚资本。现在日本投降了，中国应该建设成为一个独立、民主和富强的国家，只有在这样一个新中国，民族资本的工商业才能有发展的前途。至于工人阶级同资产阶级之间的矛盾是存在的，但在新民主主义时期，中共并不主张没收民族资本家的产业，而是采取调节劳资关系的政策。中国共产党对于爱国的民族资本家并不把他作为敌人，而是把他作为朋友来对待的。[①]三个多小时的谈话结束后，这几位工商界代表在桂园以便宴招待毛泽东。在吃饭的过程中，他们还感谢毛泽东给他们上了一堂课，使他们增强了发展工业的信心！

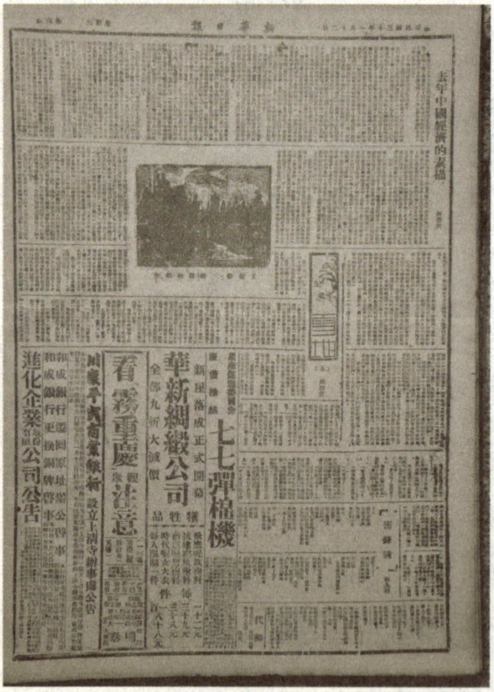
去年中國經濟的素描

1941年1月12日，中共中央南方局经济组组长许涤新在《新华日报》上发表的文章《去年中国经济的素描》。

抗戰以來中國產業資本的變化

1941年7月7日，中共中央南方局经济组组长许涤新在《新华日报》上发表的文章《抗战以来中国产业资本的变化》。

① 中共四川省委党史研究室，《毛泽东与四川》，四川人民出版社，1995年版。

周恩来于1945年10月19日应西南实业协会的邀请，出席了他们的星五聚餐会，并做了题为《当前经济大势》的演讲。周恩来很重视这次报告，不但在事前下功夫去收集当时重庆的经济材料，并且从许涤新处了解重庆工商界人士存在的问题和思想动态，工商界人士对于国民党的经济政策和官僚资本的态度。心里有底后，讲起来就有针对性了。周恩来在演讲开头便直指工商界人士最关心的抗战结束以后的政治问题。他说，工业界朋友关心政治问题是一个进步现象。政治要实现民主是必然的趋势，不但政治要民主，经济方面也同样要民主。中国今天的实际情况，不但通货膨胀日益严重，而且管制得太多，统制得太过分，弄得市场紊乱，工商凋蔽。在谈到发展资本时，他说民族资本有三种形式，即国家资本、私人资本和合作资本，这三者应在节制资本和互相配合之下共求发展。但在这三种资本中，私人资本占多数，因此，今后中国必然要保护私营的民族资本企业，使其有所发展。有人会问，中国共产党居然提倡资本主义，岂不是一件难以理解的事？问题很明白，中国经济十分落后，发展又这么不平衡，这就证明在短期内中国没条件走上社会主义的道路。将来资本主义发展到某种程度，是否应转入社会主义，那就要考虑国民经济各方面的实际情况。共产党是实事求是的。只有忠于事实，才能忠于真理。我们坚决反对的是垄断资本、官僚资本和侵略资本。①谈到发展经济时，他说，工业不可能孤立发展，只有改善农村经济，提高广大人民的购买力，工业才有发展之可能。中国今天的劳动者同民族资本家都受到压迫，应该互相让步，共同奋斗。②最后，他进一步阐明了党在新民主主义时期的经济纲领。这次来听报告的人极其踊跃，讲堂内座无虚席，在讲堂的窗台和窗外都站满了人，但会场秩序极好，只有周恩来洪亮的声音在回荡着。

①② 重庆红岩革命历史博物馆，《红岩精神与党的群众路线——群众路线教育实践活动培训教材》，重庆出版社，2014年版。

经过艰苦卓绝的工作，许涤新渐渐得到了许多工商界人士的信任，交到了许多朋友。中华人民共和国成立后，在新社会的建设者中，就有一批像吴蕴初、刘鸿生这样的民族资本家。谁曾想到，在争取民族资本家的过程中，许涤新吃了多少次“闭门羹”，又付出了怎样的艰辛。

[知识链接]

重庆谈判

抗战胜利后，中国面临着向何处去的历史关头。毛泽东为谋求和平，并应蒋介石三次电邀，于 1945 年 8 月 28 日，偕周恩来、王若飞赴重庆与国民党共商团结建国大计。在此期间，毛泽东先后同蒋介石面谈七次，相互交换意见，并各自指派代表就具体问题进行谈判。中共方面派出周恩来、王若飞，国民党方面派出张群、王世杰、张治中、邵力子。在谈判过程中，蒋介石拒不承认解放区，力图削减中共军队。我党为争取和平民主，在不损害人民基本利益的原则下做了重大让步，表示人民武装可减到 20 个师。同时，在坚持国民党必须承认解放区的原则下，我党愿意让出南方 8 个解放区。经过 43 天的谈判，10 月 10 日，双方代表在桂园签署了《政府与中共代表会谈纪要》（即双十协定），主要内容包括和平建国的基本方针、政治民主化等 12 个问题。10 月 11 日，毛泽东在张治中的陪同下返回延安。

宁可毁人，不可毁誉

张文彬

1937年，抗日战争全面爆发。抗战烽火迅速遍及全国，南京失陷后，广州告急。中共中央为了适应国内时局的变化，推动全民族抗日救亡运动，领导广东及南方党组织进行抗日斗争，委派时年27岁的共产党员张文彬南下广东开展革命工作。

1937年8月，张文彬出席了洛川会议。会议结束后，他肩负党中央的重托，南下广东，组织广东人民进行抗击日本侵略者的斗争。10月，张文彬在香港主持召开会议，宣布正式成立中共南方工作委员会（简称“南委”）。次年4月，根据中共中央和长江局的指示，中共南方工作委员会干部扩大会议召开，撤销“南委”，成立以张文彬为书记，薛尚实、梁广、尹林平、张越霞等为常务委员的中共广东省委，张文彬也因此成为了中共广东省历史上第一位省委书记。

为了大力推动广东抗日救亡运动向纵深发展，面对日本侵略者和国民党反动派的双重夹击，张文彬领导广东省委坚决执行中共中央长江局和中共中央南方局的指示，大量发展党员。1938年5月，广东全省先后建立了中山县委员会、东莞中心县委员会、南（海）顺（德）工作委员会等地方的中心支部，党员数量也大为增加。至1938年10月，广州地区和香港的党员人数骤增至2500余人，潮梅地区的党员人数发展到2000余人，琼崖地区的党员人数则发展至5000余人。1939年11月，广东省委已领导8个特别委员会（工作委员会）、8个中心县委员会(工作委员会)、44个县委员会(工作委员会)，以及一批区委员会和支部，党员发展至近两万人，成为国民党统治区中中共党员最多的省份之一，

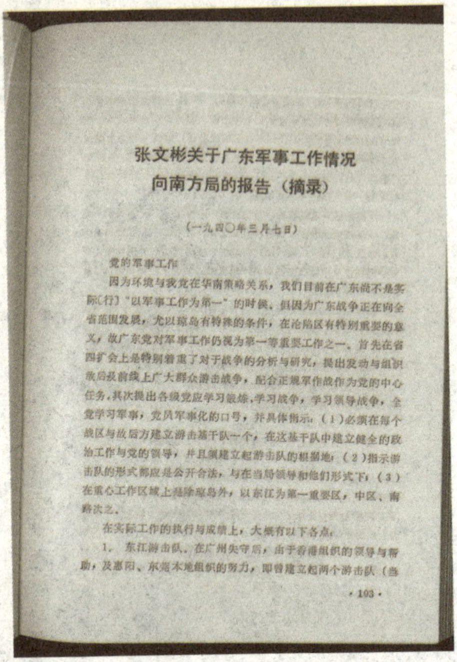

张文彬关于广东军事工作情况
向南方局的报告（摘录）

（一九四〇年三月七日）

党的军事工作

因为环境与我党在华南策略关系，我们目前在广东尚不是实际[行]“以军事工作为第一”的时候，但因为广东战争正在向全省范围发展，尤以琼岛有特殊的条件，在沦陷区有特别重要的意义，故广东党对军事工作仍视为第一等重要工作之一。首先在省四扩会上是特别着重了对于战争的分析与研究，提出发动与组织敌后及前线上广大群众游击战争，配合正规军作战作为党的中心任务，其次提出各级党应学习锻炼，学习战争，学习领导战争，全党学习军事，党员军事化的口号，并具体指示：（1）必须在每个战区与敌后方建立游击基干队一个，在这基干队中建立健全的政治工作与党的领导，并且须建立起游击队的根据地；（2）指示游击队的形式都应是公开合法，与在当局领导和他们形式下；（3）在重心工作区域上是除琼岛外，以东江为第一重要区，中区、南路次之。

在实际工作的执行与成绩上，大概有以下各点：

1、东江游击队。在广州失守后，由于香港组织的领导与帮助，及惠阳、东莞本地组织的努力，即曾建立起两个游击队（当

·103·

张文彬关于广东军事工作情况向中共中央南方局的报告

这些党员大都成为后来广东各级党组织和人民抗日武装的主要领导人和骨干。在大力发展党员的同时，广东省委还组织开展了大规模的教育培训工作，举办各种类型的党员培训班，省委书记张文彬还经常亲自讲课，以提高党员的政治觉悟和政策水平，为广东抗日队伍输送了大量人才。

1938年10月至1941年春，中共广东省委机关先后由广州迁至韶关、南雄瑶坑、红围等地。在此期间，张文彬同广东省委机关一路风雨兼程，领导全省的抗日救亡工作。在当地群众的掩护下，他们建立了地下交通站和电台，在艰苦的环境里坚决贯彻党的抗日民族统一战线，主动开展统战工作，派出一大批共产党员、“抗先”队员深入到当地的国民党军队中，成立战时政工队、宣传队，进行政治形势教育，教唱抗日歌曲，开展临战宣传鼓动工作。张文彬还深入各地发表演讲，宣传实行团结抗战、定能战胜日本侵略者的道理，坚定军民的抗日决心，卓越地领导广东全省地下党和人民进行抗日救亡运动和武装斗争，使广东省委所在地成为当时广东抗日的指挥中心。

以张文彬为领导的中共广东省委所创建的华南抗敌根据地，与日本侵略者进行了长期的英勇搏斗，顽强地支撑着华南抗战斗争的局面，不仅挫败了日军的嚣张气焰，而且打乱了日军的战略部署，使华南成为全国三大敌后战场之一。

1940年12月，日军侵占香港。周恩来代表中共中央先后两次电示张文彬和八路军驻香港办事处的廖承志，要求不惜一切代价，速将因遭受国民党当局政治迫害而聚居在香港的民主人士及文化界人士抢救

出来。张文彬与廖承志、尹林平、梁广等先后在香港、惠阳等地，召开香港、东江地方党组织和部队负责人参加的会议，经过研究，决定乘侵占香港的日军立足未稳、对香港情况不太了解和大批难民逃离香港之时，以最快的速度帮助滞留香港的文化名人离开香港。张文彬在中央的指示下，坐镇宝安县策划营救方案，亲自抓方案的实施工作，指挥营救。在东江游击纵队及广大群众的紧密配合和同心协力保护下，他们胜利完成了抢救任务，抢救出众多民主人士、文化人士、工商界人士、国民党高级官员、国际友人，其中何香凝、柳亚子、邹韬奋、茅盾、夏衍等800余人安全转移至内地，保护了这批中华民族的文化精英，打通了一条红色路线，得到党中央来电嘉奖。

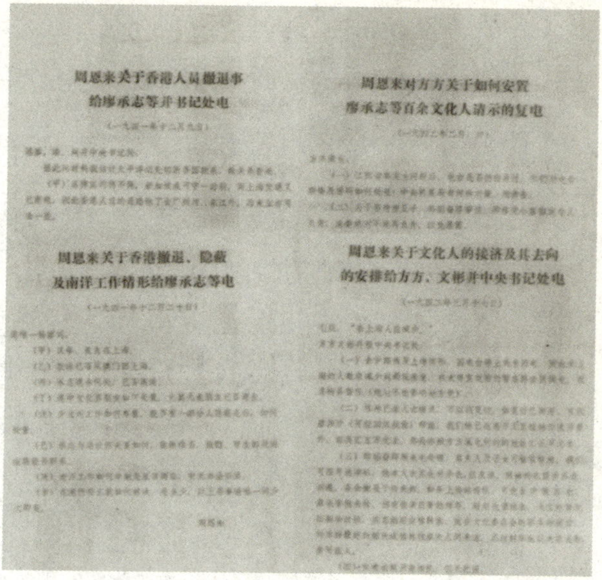
周恩来关于香港人员撤退事给廖承志等并书记处电

周恩来关于香港撤退、隐蔽及南洋工作情形给廖承志等电

周恩来对方方关于如何安置廖承志等百余文化人请示的复电

周恩来关于文化人的接济及其去向的安排给方方、文彬并中央书记处电

周恩来为营救在香港的文化人士发的电报

香港沦陷后，被营救出的香港部分文化人士合影。

1942年2月，粤北省委被破坏。当年5月，原中共江西省委被破坏。张文彬等人马上研究对策，决定将广东省委机关分头向闽西、东江等地转移。6月6日，张文彬途经广东大埔高陂镇时，适逢叛徒郭潜引领特务前来破坏广东省委机关，张文彬所在的旅馆很快被叛徒所窥悉，张文彬不幸被捕。6月20日，张文彬被押解到江西省泰和县马家洲监狱。张文彬原来就患有严重的肺结核，身陷囹圄之后，监狱条件非常恶劣，他忍受着肉体上和精神上的双重考验，刚强不屈，坚持斗争，与廖承志等一起带领难友与敌人斗智斗勇，树起了监狱斗争的一面红旗。

1944年8月26日，张文彬受尽特务们的残酷迫害和折磨，病情恶化，在狱中病逝。临终时，张文彬骨瘦如柴，脚上还戴着一副沉重脚镣，时年34岁。他在生命即将逝去时留下一封题为《我誓死不能转变》的信。信中说："宁为玉碎，不为瓦全。""我现已有四十七岁了（实际是三十四），又犯了严重的肺病，生的时期不多，吃苦也快到尽头，因而是誓死而归，乐于就义，愿为江西人，尤其为整个中华民族的革命儿女留些正气吧!"[1]

宁亏自己，不损公家

1939年夏，中共中央南方局在重庆秘密成立。为了从经费上确保中共中央南方局和地下党组织在国统区的建立与发展，中共中央南方局专门设立了特别会计部，负责所有经费的管理，并由周恩来直接负责和领导。

特别会计部门由袁超俊、刘昂和王辉组成，他们遵照周恩来的指示，在账目上采取安全措施。账本都是用极薄的纸做成，很小，只有10元人民币的3/5大。这个小账本不显眼，平时锁在保险柜里，如果遇到紧急情况几秒钟就可以毁掉了，放之方便，毁之容易，敌人不易搜去。为了保密，每笔账目都用代号记下，代号有时由周恩来亲自拟定，有时

---

① 刘新树、叶文益，《张文彬同志传略》，《广东党史通讯》，1984年第5期。

他们自己内定。这样一本莫名其妙的“天书”，即使万一被敌人搜去，也不担心会被轻易破译出来。每月收支的账目，由刘昂制成小小的明细表，由袁超俊和周恩来的秘书童小鹏初审，各自签字，然后送交周恩来终审。每月初，周恩来都要审查账目，并把袁超俊、刘昂和王辉都叫去。周恩来总是很认真，他打着算盘，一个数字一个数字地核算，一笔一笔地审查。他的算盘打得又快又准，只见算盘珠上下跳动，一会儿就算完了。如果遇到不明白的地方，他就问三人，一起弄明白弄准。如果数字核不准，更不放过，反复核算，直到完完全全核对为止。审查完后，他在账本上签上“周恩来”三个字，把账本交给袁超俊，锁到保险柜里。1943年6月，袁超俊随周恩来回延安，遵照周恩来的指示，把历年的账本一本本整理清楚，送到中央办公厅保存。

中共中央南方局特别会计部担负着党组织在国统区的活动经费管理，其中，包括云南、贵州、西康、湖南、湖北、广西、广东、香港等地机构及新华日报社等单位的经费支出情况，关系着我党在国统区的生存与发展。因此，周恩来与中共中央南方局的其他领导同志都十分重视财会工作，他们深知秘密财务工作不仅重要，而且更为保密。为此，周恩来指示特别会计部门，一定要安全第一，保密第一。

王　辉

王辉，作为中共中央南方局特别会计部的一员，深知这份工作既光荣又神圣。她是一位掌管着中共中央南方局党组织经费钥匙的人，始终是兢兢业业，认真履职。

当时国统区通货膨胀，中共中央南方局的工作人员每月只有三四元钱的生活费，生活很艰苦。尽管掌握着资金，特别会计部门的同志不动一分钱，连想都没想过。有时候他们饿着肚子去执行任务，手中的钞票都捏出了汗，也都一分不少地如数入账。因为他们知道，这些钞票是党的活动经费，是同志们冒着生命危险筹措来的。

王辉对财政开支把关甚严，不该开支的绝不通融一文钱。在中共中央南方局办事处的同志们每年要发一次服装费，因为外出开展统战工作，为了与环境协调，要求着装整齐，特别是年轻的女同志还要穿得颜色鲜艳，样式时髦，所以有的同志爱漂亮，做衣服就会超过了服装费的标准限额。曾经有一次，妇女组的一位同志打破了每人两件衣服的规定，做了三件旗袍，把报销单拿到王辉面前时，王辉按照规定只给她报销了两件旗袍的费用。后来，周恩来还批评了那位同志。外事组有些同志领了出差活动费，总不报销。王辉多次叫他们快结账，他们不以为然，王辉就从他们的工资中扣回了借款。

1944年春，王辉奉命到延安中央党校学习。走前两个月，她忙着把办事处的账全部结清，把各界捐来的数百万元捐款清点好、装好，准备带到延安。延安是王辉一直以来的神往之地，她满怀喜悦之心情，准备前往日思夜想的延安。可是，没过几天，一个难以置信的消息让她犹如遭致晴天霹雳——她所交接的账目差了一万元。她反复仔细回忆每一个交接的细节，实在是找不到任何失误的地方。她主动承担了责任，提出由自己去挣钱还上这一笔说不清的亏空。为了早

1980年，王辉重返重庆红岩村留影。

日还清这笔差额，她夜以继日地加班纺织棉线，或到处去做活，变卖了家中所有值钱的物品，想尽了一切可以想到的办法。最终，她筹齐了一万元钱，并如数上缴党组织。后经中共中央南方局查明，这个差错是由于捐赠者交钱时漏交了一万，而账目上又没有减去这一万。问题查清后，组织上决定把这一万元还给王辉，但她坚决不接受，把这一万元作为特殊的党费上缴给组织。她说："钱虽不是我丢的，差错的责任却是在我。我的工作，我的责任，我宁亏自己，不损公家。"[①]

多么朴实的一句话，却折射出一名共产党人闪光的思想！

胡愈之"万里投荒"

1940年11月，胡愈之以"胡学愚"的名字踏上了从香港前往新加坡的轮船，置身于拥挤吵嚷的三等舱内，这里有一大群迫于生计而抛家闯南洋的同胞。胡愈之作为一个在国内久负盛名的新闻记者、政治评论家和活动家，何以会隐姓埋名地出现于此？

原来早在1933年9月，胡愈之便秘密加入了共产党，由党中央特别行动科直接领导，单线联系，不在公开活动中以党员身份出现。1940年5月，中共中央发出了"凡有被国民党捕杀危险的公开或半公开的干部，应转移地区隐蔽起来，或调至军队工作"[②]的指示。此时，由于胡愈之在桂林开展的抗日救亡文化运动早已引起了国民党当局的注意，时任八路军驻桂林办事处处长的李克农决定让胡愈之立即转移到新加坡待命。

机缘巧合的是，南洋华侨领袖陈嘉庚创办的《南洋商报》此时需要建立南洋进步力量的舆论阵地，希望在国内物色一个有名望的记者

---

① 重庆红岩革命历史博物馆，《红岩精神与党的群众路线——群众路线教育实践活动培训教材》，重庆出版社，2014年版。

② 于友，《胡愈之》，群言出版社，2008年版。

爱国侨领陈嘉庚

到新加坡担任报社的编辑部主任，并向《新华日报》求助。周恩来对此相当重视，当即表示对陈嘉庚这样的爱国侨领必须予以帮助和支持。然而，要派人到万里之遥、人生地不熟的南洋去开辟宣传阵地，对当地聚居的华侨开展统战工作，此人除了要有丰富的工作经验以外，还得有相当的胆识和能力，并在当地具有一定威望。胡愈之曾在周恩来领导的国民党军事委员会政治部三厅工作，周恩来对他十分熟悉，胡愈之有着坚强的党性和雷厉风行的工作作风，他的《莫斯科印象记》出版后在南洋风靡一时，于是周恩来决定安排他担此重任。

就任后，胡愈之对《南洋商报》进行了大刀阔斧的改革。除发表专论外，每天增加社论，有时发短评，大部分的评论文章都由胡愈之自己撰写。此外，他还经常采用香港国际新闻社的专稿，组织了一个采访委员会，采写新加坡的抗日救亡活动。《南洋商报》由此变得信息丰富，内容翔实，深受读者追捧。胡愈之在办报的同时，还对南洋新闻界开展统战工作，将当时的《星洲日报》《现代日报》《闽潮》等报刊都团结为同盟军，建立互相呼应的舆论阵地。另外，他还全力支持陈嘉庚的工作。在南洋华侨筹赈祖国难民总会（简称“南侨总会”）改选主席时，胡愈之在《南洋商报》发表社论，支持坚持团结抗战的陈嘉庚获选“南侨总会”主席。通过并肩战斗，胡愈之与南洋华侨的交往更为密切了。

1941年12月，日本偷袭珍珠港的同时，对东南亚各地的英国殖民地发起了攻击。在战乱中，胡愈之坚持出报呼吁民众抗日，并积极组织抗日斗争。1942年2月，胡愈之开始为期三年多的流亡生涯，辗转于印尼苏门答腊岛的村落、市镇、山区，隐姓埋名地生活，办起了酒厂、肥皂厂，养活了许多逃难至此的文化人。为了加强同这些文化人的联络，胡愈之成立了一个叫同仁社的秘密组织，定时聚会，谈对时局的分析，也谈个人的读书心得，影响了一批进步文化人。日本战败投降后，1945年9月，胡愈之和一起流亡的同人们渡过马六甲海峡回到了新加坡。

战后的新加坡情况复杂，胡愈之排除万难，创办了新南洋出版社，发行《风下》周刊和《新妇女》杂志，宣传中国共产党争取和平民主的方针。

1946年，从印尼返回新加坡的陈嘉庚坚决反对内战，支持共产党争取民主解放的斗争，并以“南侨总会”主席的名义致电美国要求停止援助国民党并撤退驻华军队，这引起了南洋国民党势力的攻击和造谣。于是，陈嘉庚同胡愈之商议，筹办一份为爱国华侨发声的报纸。8月底，《南侨日报》终于面世，继承和发扬了《南洋商报》的风格，以精彩的时评和丰富的内容吸引了读者，被誉为“公众喉舌”和“民主堡垒”。

由于胡愈之积极鼓励华侨进行民族革命，争取独立和自由，并于1948年1月在《南侨日报》发表社论呼吁华侨与当地民众携手推翻殖民统治，此举引来殖民当局的嫉恨，迫使胡愈之离开新加坡。在南洋长达七年多的时间里，胡愈之坚决贯彻中共中央关于统一战线的指示，建立舆论阵地，广交朋友，团结一切可以团结的力量，为党的工作开创了一片新天地。

1948年，新加坡《南侨日报》经理张楚琨（左）与胡愈之合影。

为天地存正气，为个人全人格

何功伟

1941年2月，国民党第六战区司令陈诚收到手下截获的一封信，这封信是被抓捕的中共鄂西特别工作委员会书记何功伟在狱中写给父亲何楚瑛的。陈诚摊开信纸，千余字的内容令他感叹连连，忍不住反复研读，最后提笔在信上写下了“至情至性，大节大义，其伟人也”[①]的评语。

皖南事变后，因叛徒出卖，何功伟在恩施被捕，由于叛徒的指认，他的身份立即暴露。自关押以来，陈诚不遗余力地敦促手下对何功伟这样有才华的共产党要员进行拉拢，特务们穷尽手段对他施以高官厚禄的利诱、美人计的腐化、出国留学的机会，均遭到了何功伟的严词拒绝。一波又一波国民党要员在陈诚的授意下络绎不绝地来到狱中，对何功伟轮番游说，试图笼络这个青年才俊改变立场。然而，无论面对怎样的诱惑，何功伟都不改初衷。无奈之下，陈诚只好命下属将何功伟的父亲何楚瑛接来恩施，试图通过骨肉亲情令其转变。

何功伟知道特务的打算后，立即给父亲写信表明心志：“儿除慷慨就死外，绝无他途可循。为天地存正气，为个人全人格，成仁取义，此正其时。……微闻当局已电召大人来施，意在挟大人以屈儿，……而奈儿献身真理，早具决心，苟义之所在，纵刀锯斧钺加诸

① 重庆红岩联线文化发展管理中心，《故事红岩》，重庆出版社，2011年版。

颈项，父母兄弟环泣于前，此心亦万不可动，此志亦万不可移……”[1]然而，这封大义凛然的信没有如愿寄到何父的手上，却被特务截获上报了陈诚，而何楚瑛在不久之后被国民党特务接到了恩施。

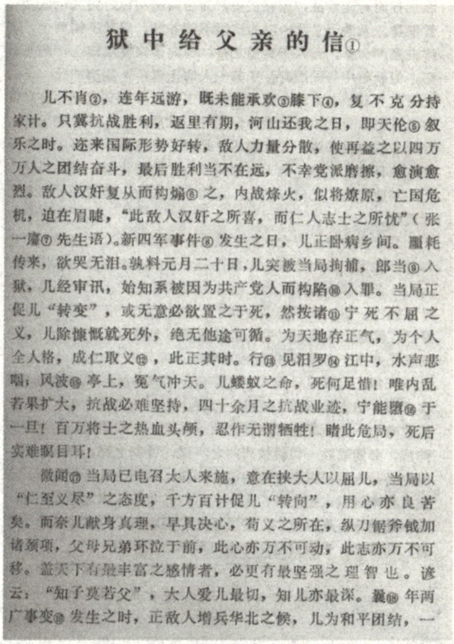
狱中给父亲的信①

儿不肖②，连年远游，既未能承欢③膝下④，复不克分持家计。只冀抗战胜利，返里有期，河山还我之日，即天伦⑤叙乐之时。迩来国际形势好转，敌人力量分散，使再益之以四万万人之团结奋斗，最后胜利当不在远，不幸党派磨擦，愈演愈烈。敌人汉奸复从而构煽⑥之，内战烽火，似将燎原，亡国危机，迫在眉睫，“此敌人汉奸之所喜，而仁人志士之所忧”（张一麐⑦先生语）。新四军事件⑧发生之日，儿正卧病乡间。噩耗传来，欲哭无泪。孰料元月二十日，儿突被当局拘捕，郎当⑨入狱，儿经审讯，始知系被因为共产党人而构陷⑩入罪。当局正促儿“转变”，或无意必欲置之于死，然按诸⑪宁死不屈之义，儿除慷慨就死外，绝无他途可循。为天地存正气，为个人全人格，成仁取义⑫，此正其时。行⑬见汨罗⑭江中，水声悲咽；风波⑮亭上，冤气冲天。儿蝼蚁之命，死何足惜！唯内乱若果扩大，抗战必难坚持，四十余月之抗战业迹，宁能隳⑯于一旦！百万将士之热血头颅，忍作无谓牺牲！睹此危局，死后实难瞑目耳！

微闻⑰当局已电召大人来施，意在挟大人以屈儿，当局以“仁至义尽”之态度，千方百计促儿“转向”，用心亦良苦矣。而奈儿献身真理，早具决心，苟义之所在，纵刀锯斧钺加诸颈项，父母兄弟环泣于前，此心亦万不可动，此志亦万不可移。盖天下有最丰富之感情者，必更有最坚强之理智也。谚云：“知子莫若父”，大人爱儿最切，知儿亦最深。曩⑱年两广事变⑲发生之时，正敌人增兵华北之候，儿为和平团结，一

何功伟在狱中给父亲写的信

4月9日，千里跋涉、思儿心切的何楚瑛终于得以在方家坝管理所看到被单独关押于谷仓内的儿子。何功伟乍一看到父亲，便哽咽道：“儿不孝，让您受累了，但您不该来啊！”[2]老人看着爱子被折磨得瘦削的脸庞和遍体鳞伤的身体，忍不住泪湿眼眶，老人家一心只盼儿子平安无事，希望他能念在父子之情回心转意。何功伟神情严肃地告诉父亲，自己心意已决，任谁也无法改变。无论老人家怎么苦苦劝说，都不能动摇他一分一毫。无奈之下，老人家只得暂时离开。

何楚瑛在恩施滞留了40天，先后10次到狱中劝说爱子放弃抵抗以保全性命。在数次与父亲的争执中，何功伟都立场坚定，誓为共产主义事业献身，甚至让父亲做好自己或将牺牲的心理准备，尽快回家，以免为自己白白操劳。何父万般无奈之下给儿子写了一封“一字一泪”的信。何功伟看完信后，尽管心里百般难受，但为断了父亲的念想，忍痛提笔回了一封诀别信：“儿元月二十日系狱，于今恰足三月。自省爱国无罪，俯仰无愧，故能饮苦酒以自甘，宁杀身而不悔。狱中诵《正气歌》咏《满江红》，曾不觉窗外时光飞逝，莺舞春木。……今日跪接慈谕，训诫谆谆，一字一泪，不忍卒读。乌能反

①② 中共咸宁市委党史办公室、咸宁市地方志办公室、咸宁市政协文史委员会，《何功伟烈士纪念文集》，中国医药科技出版社，1990年版。

哺，獭知报本，儿独何心，能不断肠？况大人爱儿远胜诸弟妹，……儿之所以始终背弃大人养育之恩，断绝妻子之爱，每顾而不悔者，实不愿背弃绝大多数人之永久利益以换取吾一家之幸福也。谁无妻儿？儿安忍出卖大众，牺牲他人，苟全一己之私爱？儿决心牺牲个人，以利社会国家，粉身碎骨，此志不渝！”[1]当何父最后一次到狱中探望何功伟时，他把这封诀别信连同写给远在重庆工作的妻子许云的遗信一起交给了父亲。老人读罢儿子的决别信，悲伤绝望地离开了恩施。

由于何功伟执着真理，立场坚定，宁死不屈，在被关押了近十个月后，陈诚下令将他秘密处决。11月17日，何功伟被枪决于方家坝后山的五道涧刑场，殉难时年仅26岁。

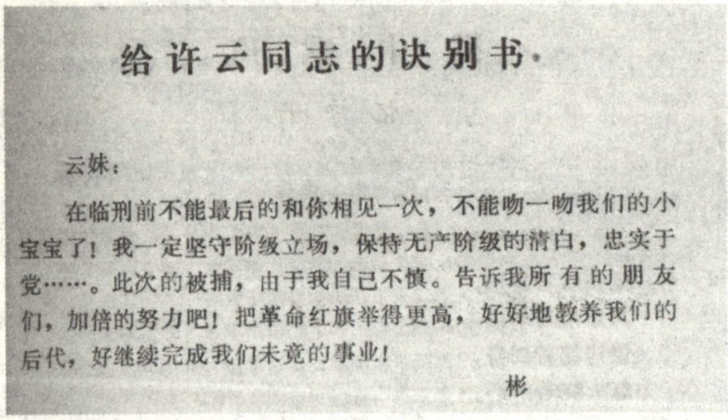
给许云同志的诀别书

云妹：

在临刑前不能最后的和你相见一次，不能吻一吻我们的小宝宝了！我一定坚守阶级立场，保持无产阶级的清白，忠实于党……。此次的被捕，由于我自己不慎。告诉我所有的朋友们，加倍的努力吧！把革命红旗举得更高，好好地教养我们的后代，好继续完成我们未竟的事业！

彬

何功伟在狱中给妻子许云的诀别书

就在他牺牲后两个月，何楚瑛老人辗转来到了重庆八路军办事处，将儿子写的遗信交给了儿媳许云，信上虽只短短百余字，却令人动容：“云妹：在临刑前不能最后的和你相见一次，不能吻一吻我们的小宝宝了！我一定坚守阶级立场，保持无产阶级的清白，忠实于党……告诉我所有的朋友们，加倍的努力吧！把革命红旗举得更高，好好地教养我们的后代，好继续完成我们未竟的事业！”[2]后来，许云给他们的儿子取名何继伟，希望他能够继承父亲为天地存正气、为个人全人格的伟大精神。

---

①② 中共咸宁市委党史办公室、咸宁市地方志办公室、咸宁市政协文史委员会，《何功伟烈士纪念文集》，中国医药科技出版社，1990年版。

与农民称兄道弟的省工作委员会书记

1942年7月10日晚上，广西省桂林市的盛家园失去了往日的宁静，这里被国民党特务里三层外三层围得水泄不通。

在特务到来之前，租住在这里的临桂中学代课教师老陈和他在广西省干部培训团里做教务股员的妻子慧贞正忙碌着收拾行李，准备带着孩子第二天一早就离开此地。他们正打算向房东探听一下城内情况，便听得门外一阵骚乱。这个化名老陈的教师正是近日来被特务列入通缉名单的中共广西省工作委员会书记钱兴，而慧贞则是担任工作委员会秘书的妻子邹冰。在特务的吵嚷声中，钱兴夫妻抱着孩子，在房东的帮助下，从房后池塘边悄无声息地逃了出去。

特务连续三天在桂林市进行搜查，钱兴不顾个人安危，冒着被缉拿的风险，到桂林、平乐、梧州、玉林等各地奔走，部署党组织的转移和撤退，并决定将广西党组织的工作重心从城市转移到农村。10月上旬，钱兴等人由灵川县转移到国民党统治较薄弱的钟山县英家乡白沙井，重建中共广西省工作委员会。

中共广西省工作委员会在钱兴领导下，以各种社会职业为掩护继续开展工作。钱兴则和妻儿住在茅棚里，以开荒种菜，饲养鸡鸭，替人洗衣或做些缝补活计为生。钱兴戴着600度的近视眼镜，克服了右手残疾、患有肺病的困难，爬山路，钻草

钱兴在钟山县燕塘乡烧石灰的石灰窑

从，开垦荒地，割草，采石，烧石灰，与农民兄弟称兄道弟，一起劳动，打成一片。他还经常到车站和码头当挑夫，借机了解社会各方面的情况，指导各地党组织的工作。最艰苦的时候，同志们甚至要依靠树皮、草根、菜叶维持生活。由于经费紧张，医疗条件简陋，很多同志得了病也只能硬抗过去。然而，不管环境多么恶劣，同志们都坚定不移地执行党中央“荫蔽精干，长期埋伏，积蓄力量，以待时机”[①]的工作方针，在钱兴的领导下，克服了种种困难，以顽强的斗志在艰苦的环境中坚持开展工作。挑货郎担的同志走村串户，到各处传达省工作委员会的指示。当庙祝的同志秘密地印发各种宣传资料。还有的同志昼伏夜出举办训练班，组织秘密农会。为了掩护秘密机关，钱兴将烧石灰和挑货郎担卖货得来的钱作为启动资金，在公路旁开了一间粥店，不仅为组织活动筹得经费，而且以此为根据地建立起秘密联络站。

钱兴和他领导的中共广西省工作委员会的同志们就这样隐蔽在农村，站稳了脚跟。到1944年底，经过两年多的努力，中共广西省工作委员会先后恢复建立了县委和“特支”20个，发展了一批先进分子入党，全省的党员人数增至800多人，还建立了各类抗日武装队伍30多支共5000余人，创立了10个区、乡抗日民主政权，组织了秘密农会，派党员打入国民党军队、三青团和基层政权中担任职务。

1945年抗日战争胜利后，钱兴徒步前往重庆，向中共中央南方局汇报和请示工作。经过一个多月的长途跋涉，钱兴到达重庆，找到了八路军驻重庆办事处，向中共中央南方局领导汇报了广西省党组织的工作情况。周恩来赞叹说：钱兴领导广西省党组织高举党的旗帜，坚持斗争，保存了党的部分力量，还有所发展，难能可贵！

---

① 南方局党史资料征集小组，《南方局党史资料大事记》，重庆出版社，1986年版。

用生命为党报警

苏蔓（后）、罗文坤（右）、张海萍（左）三烈士合影照

1942年的夏天，广西省桂林市在酷暑中显得异常闷热，整座城市笼罩在一种令人窒息的氛围中。就在这炎炎夏日里，发生了一件离奇的事。7月13日，国民党的喉舌刊物《扫荡报》在发行后不久便被紧急收回，很多人甚至没来得及看到报纸，但是敏锐警觉的中共广西省工作委员会的同志从报纸上的一则新闻看出了端倪。

这则新闻报道的是前一晚发生在桂林市逸仙中学的命案，该校一男两女三名教员集体自杀，该报道语焉不详，最后冠以“桃色事件”。普通人看来，这不过是一桩略显神秘的社会事件，然而桂林的地下党组织通过这则消息，收到了三位同志以生命为代价发出的重要警报，迅速撤离和转移，避免了组织遭到进一步破坏。而国民党很快意识到他们弄巧成拙地干了一件向共产党“通风报信”的蠢事，所以迅速收回报纸，但为时已晚。

这三名教员，对外身份是逸仙中学的职工，然而真实身份却是中共广西省工作委员会副书记兼宣传部部长苏蔓和他的妻子省工作委员会妇女部部长兼中共桂林市委书记罗文坤，以及中共南方工作委员会（简称“南委”）驻桂林特别交通员张海萍。三人因叛徒郭潜出卖，于7月9日上午在逸仙中学被捕。当晚，特务趁着夜色，将三人押至桂林东郊的龙隐岩进行审讯，企图从他们身上打开缺口，从而破坏整个广西地区的中共党组织。

面对特务轮番诱降的攻心战，三人始终不为所动，沉默以对，这令审讯的特务大为光火，对苏蔓进行了残酷的拷打，然而即便被折磨得体无完肤，苏蔓也坚决不透露党的机密。特务见逼供不成，又施一计。他们让罗文坤近距离目睹丈夫受刑的惨况，只要她肯“招供”，就立即停止用刑，妄图以此攻陷她的意志。罗文坤疼惜丈夫而痛苦得几度昏厥，但被特务泼醒以后还是拒不招供。特务对苏蔓夫妇无计可施后，又将矛头指向了张海萍，试图通过叛徒郭潜的劝降，让这个年轻的女孩屈服。然而，张海萍不仅对党组织的机密守口如瓶，更是对叛徒的变节行径厉声指责，让郭潜显得十分狼狈。最终，一无所获的特务沮丧地向上司报告：“通宵达旦，未尝休息，而犯人仍顽固不认，亦不悟悔。”[①]

一计不成，特务们又施一计。7月11日，特务将苏蔓、罗文坤和张海萍“释放”回逸仙中学，企图“放长线钓大鱼”。苏蔓三人凭着丰富的斗争经验，识破了特务妄图在此守株待兔诱捕前来接头的地下党员的诡计。三天以后就是地下党组织约定的来逸仙中学开会碰头的日子，情况万分危急，目前最紧迫的任务就是要尽快向党组织发出警报，然而此刻深陷绝境、寸步难行的他们要怎么将消息传递出去呢？经过一天一夜的思考和讨论，三人决定以集体自杀这种最能产生轰动效应的方式，向党组织报警。

7月12日，在生命的最后一天，他们平静地做完了自己的工作。苏蔓夫妇在宿舍里为学生批改完期末考试试卷，给学生送来的纪念册题字留念，然后整理好房间里所有的物品，他们无限眷恋地看着自己战斗和生活过的地方，沉静从容地等待将要到来的死亡。张海萍坐在自己宿舍

---

① 中共梧州市委党史办公室，《鸳江英烈第一集》，广东人民出版社，1992年版。

的书桌前给家人写了绝笔信，她娟秀的字迹用力地写下古人豪迈的诗句“人生自古谁无死，留取丹心照汗青”，此时，她即将赴死的决心无比坚定，为革命牺牲的决定义无返顾。当晚，苏蔓、罗文坤和张海萍在宿舍内并排上吊自杀，临终前，苏蔓在纸上留下了“不自由，毋宁死”的遗言。牺牲时，苏蔓28岁，罗文坤26岁，张海萍25岁。

三烈士殉难地

三人出其不意的死亡令特务万分惊慌，为了掩盖真相，他们第二天一早便以荒谬的“桃色事件”登报来说明此事。然而恰恰弄巧成拙，三位同志用生命报警的壮举，为党组织拉响了警报，中共广西省工作委员会迅速组织了党员的转移和隐蔽。

后来，中共广西省工作委员会发出了《为反对顽固反共分子继续摧残告全体同志书》，沉痛悼念苏蔓、罗文坤和张海萍三位烈士，让事情的真相大白于世，让他们悲壮的英雄事迹广为流传，并号召全体党员将他们这种宁死不屈的精神代代传承。

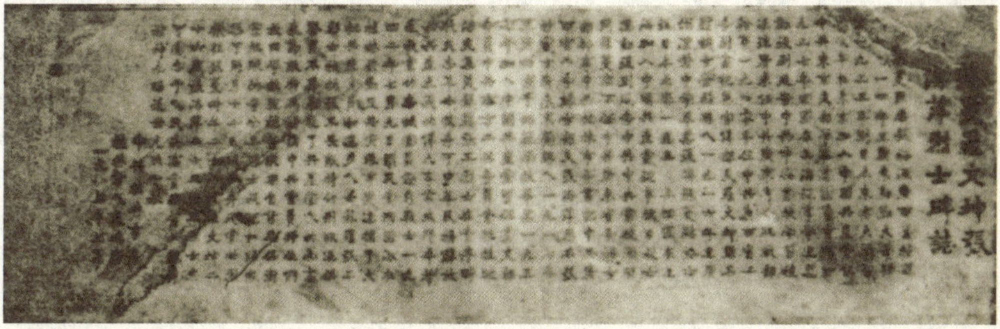
三烈士墓碑碑志

第二节 文物故事

同志友情的见证——赵继离渝纪念册

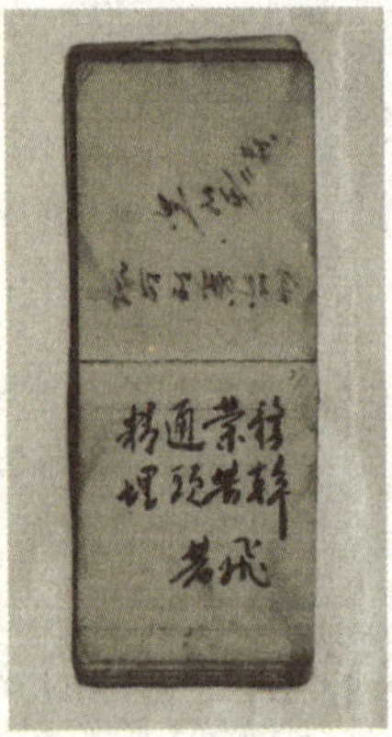
王若飞留言

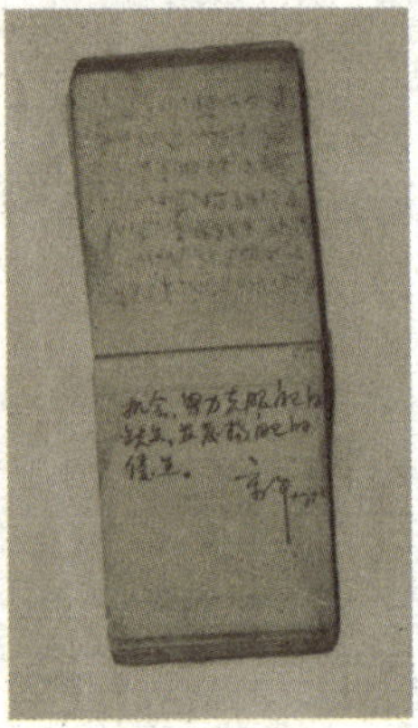
宋平留言

这本保存完好的纪念册，见证了抗战胜利后中共中央南方局机要电台工作人员赵继离开重庆之前，与红岩战友们结下的友谊之花。寥寥数语使我们真切地感受到他们坦诚相待、患难与共的真挚革命友情。如宋平同志这样写到：“大汗同志……政治上还存在狭隘，希抓住延安学习机会，努力克服自己的

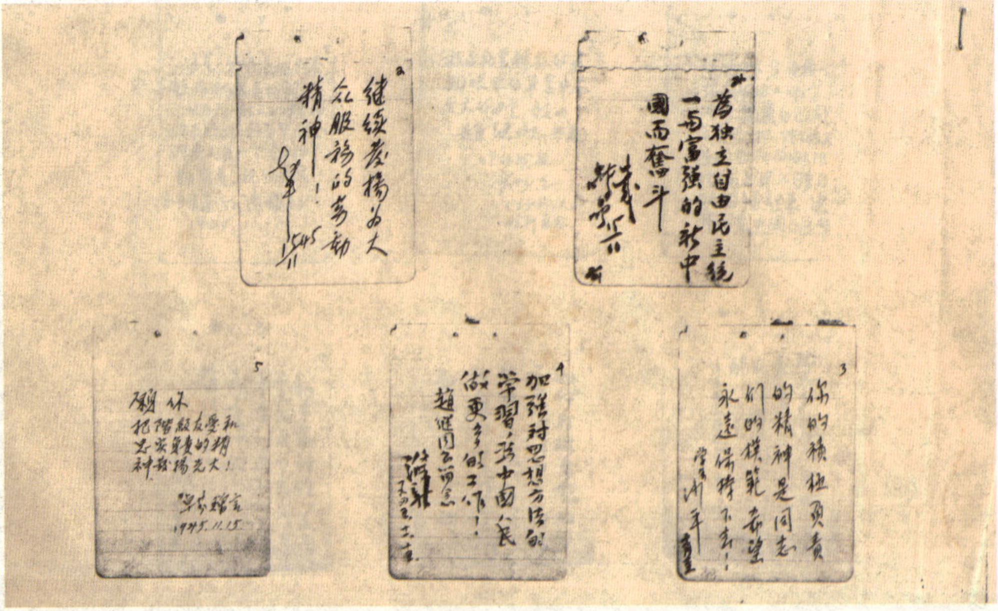

纪念册上的留言

缺点，并发扬自己的优点。”[①]

“大汗”是赵继的绰号，他一直在办事处三楼机要电台工作。阁楼不通风，而且为了隐蔽，房间低矮，重庆夏季闷热似蒸笼，男同志都是光着膀子，打着赤脚，坚持工作。赵继易出汗，同志们就亲切地叫他“赵大汗”。

1945年11月，赵继奉调回延安学习。想到与同志们结下的深厚友谊，他有些舍不得。于是，赵继特意用牛皮纸做成封面和封底，亲手裁剪装订成纪念册，逐一请各位领导和同志给他题词，以作纪念。

《棉花街壁报》

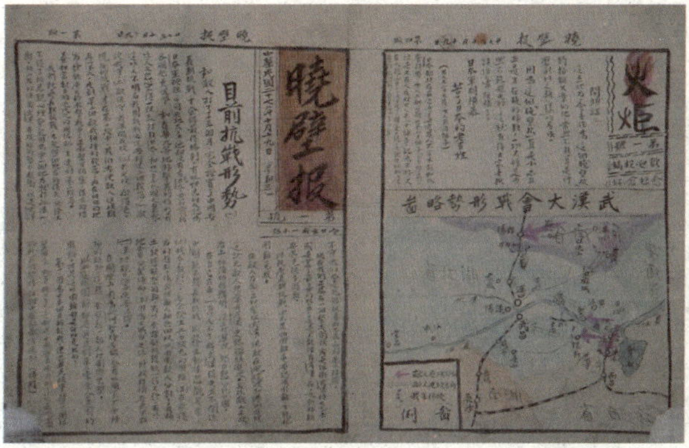
晓壁报
目前抗战形势
火炬
武汉大会战形势略图

《晓壁报》第 1 号

寇机残骸

《棉花街壁报》第 4 期（空袭特刊）

《棉花街壁报》是抗战时期中共中央南方局秘密组织和领导的职业青年救国会为宣传抗日救亡而创办的一种街头壁报，它因贴于重庆市渝中区小什字的棉花街而得名。该壁报通俗易懂，图文并茂，信息及时。现在重庆红岩革命历史博物馆仅存六张，包括《晓壁报》第1号，《棉花街壁报》第2、4（空袭特刊）、5（乡村号）、6、8期，及壁报张贴示意图。其中《棉花街壁报》的第4、5、6期，刊载了日军对

① 重庆红岩革命历史博物馆馆藏文物

重庆惨绝人寰的“五三”“五四”大轰炸造成的巨大伤害。该壁报作为中华民族那段惨烈的历史和日本法西斯屠杀中国人民的历史见证，弥足珍贵，被确认为国家一级文物。

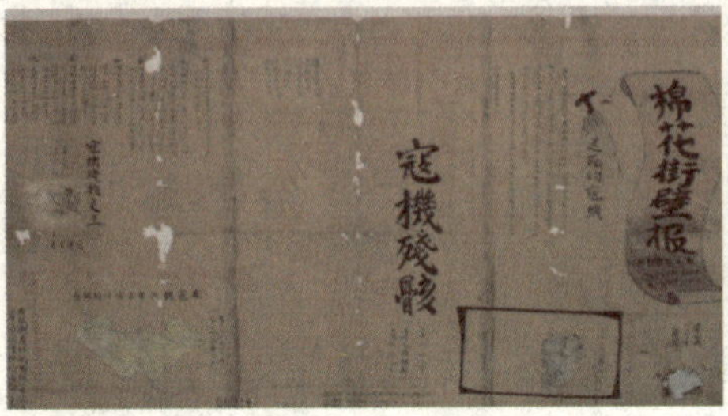

《棉花街壁报》第 5 期（乡村号）

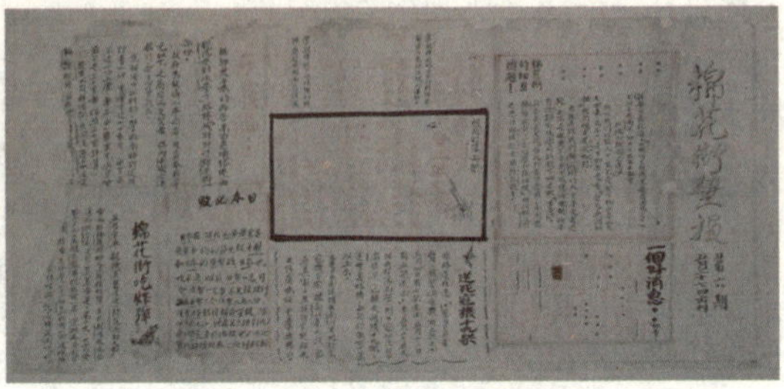

《棉花街壁报》第 6 期

1980年，这批壁报由原重庆职业青年救国会成员、重庆地下党党员李荣模之妻焦景秀捐赠。

一套珍贵的衣裙

“公共衣裙”的上衣

重庆红岩革命历史博物馆珍藏着一套衣裙，现在看来，这套衣裙质地普通，样式简单，然而在抗战时期，它算是相当时髦新潮的，而它也是中共中央南方局的女同志们外出办事时的公用服装。

1939年2月，周恩来到安徽省云岭新四军军部视察，因当时中共中央南方局在重庆刚成立不久，缺少速记员，于是周恩来特意从新四军速记训练班调了方卓芬和吴博两名同志到中共中央南方局工作。当看到她们身着军装时，周恩来沉思了一会儿说：“你们穿这样的衣服到大后方工作是不妥的，容易引起特务的注意，要穿便装才行。”①于是，周恩来让人当即拨给了她们置装费。

“公共衣裙”的裙子

在到重庆的路上，方卓芬用这笔钱购买了衣料，自己亲手设计并裁剪缝制了一套新的衣裙。

到了重庆以后，由于抗战时期经济条件有限，中共中央南方局的女同志们要想每人有一套漂亮得体的衣服是非常困难的，但是在国统区复杂的斗争环境中，外出办事人员的衣着又必须考究，于是谁要外出办事了，就来找方卓芬借这套衣裙。久而久之，这套衣裙就成为女同志们公用的外出服装了。

1974年，这套衣裙由方卓芬捐赠给重庆红岩革命历史博物馆，成为了见证中共中央南方局历史的珍贵文物。

三块银元

在中共中央南方局的历史上，有一位两袖清风的“红色资本家”——肖林，曾经在他手上有数以亿计的资产流通，而在抗日战争和解放战争时期，他为党组织筹措的经费更是难以统计。上海解放后，肖林光荣地完成党组织交办的任务，结束所经营的公司，向中共中央上交的资金约合黄金12万两，其他固定资产折价1000多万美元，而他自己仅留下了三块银元作为纪念。

1941年，皖南事变以后，国民党政府停发了八路军和新四军的

① 重庆红岩革命历史博物馆，《红岩精神与群众路线教育故事读本》，重庆出版社，2014年版。

肖林与夫人王敏卿合影

军饷，同时对陕甘宁边区实施经济封锁。在当时物价飞涨、开支不断增加的情况下，中共中央南方局不得不想方设法开展经济工作，筹措经费。毫无经商经验的肖林便是在这种情况下接到了这项艰巨的任务。

为了完成党交办的工作，肖林和妻子王敏卿辛苦打拼，从1941年4月开始，先后在江津、重庆、万县、宜昌、昆明及上海、青岛、徐州等地开办公司，经营的产业从土纱、土布、食糖、植物油等土特商品发展到五金、木材、西药，甚至百货等各类业务。从最初的恒源商号到创办大生公司，直至发展壮大为华益贸易公司。随着经营规模逐年扩大，肖林夫妇二人付出的汗水与精力是难以想象的。

在开办公司以前，周恩来曾叮嘱过肖林，党要用钱的方面很多，所以经营公司只有一个原则，那就是什么时候要钱就什么时候给，要多少就给多少，即使不够，想方设法也要凑足，绝不能耽误工作。在多年的经营中，肖林一直坚守着这个原则，想尽一切办法为党筹措经费。1948年，为了支援上海工人罢工运动，上海地下党负责人刘晓一次性从肖林手里取走了3亿元法币的支票。在整个抗日战争和解放战争时期，肖林夫妇为党筹措经费，从未出现过任何纰漏和延误，使党组织开展工作有了坚实的经济保障。

如今，这三块银元作为珍贵的文物，其历史意义和价值已远远超过了它自身的价值。

1949年，肖林向党交出公司全部资产后，留下三块银元作纪念。

三个美国士兵的相册

霍华德·海曼、爱德华·贝尔、杰克·埃德尔曼，1944年至1945年在美国驻华第十四航空总部工作。通过长时间的耳闻目睹，他们认识到蒋介石政府的腐败无能，渐渐感到只有中国共产党和它领导的解放区才是中国的希望。抗战胜利前夕，他们来到了红岩村，受到了周恩来的亲切会见。更使他们感到万分幸运的是，1945年9月中旬，正在重庆谈判的毛泽东在红岩村亲切地接见了他们，并与之合影。1976年7月25日，霍德华·海曼和爱德华·贝尔率领第二次世界大战美国退役军人及家属代表团再次来到红岩村八路军办事处旧址参观，将一本珍藏了30年的相册送到了博物馆工作人员的手中。相册内有毛泽东1945年在红岩村与他们的合影，有美国军人在北京、青岛、上海、昆明等地拍摄到的珍贵的历史镜头。爱德华·贝尔将他当年接受毛泽东会见后所写的日记也捐赠给了重庆红岩革命历史博物馆。

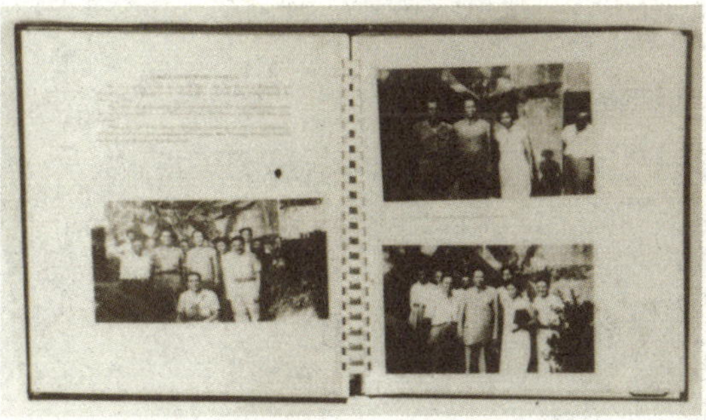

美国士兵捐赠的相册（内页）

1945年9月16日，毛泽东（中间右二）在红岩村接见三个美国士兵。

《参政员毛泽东在渝市之动态》

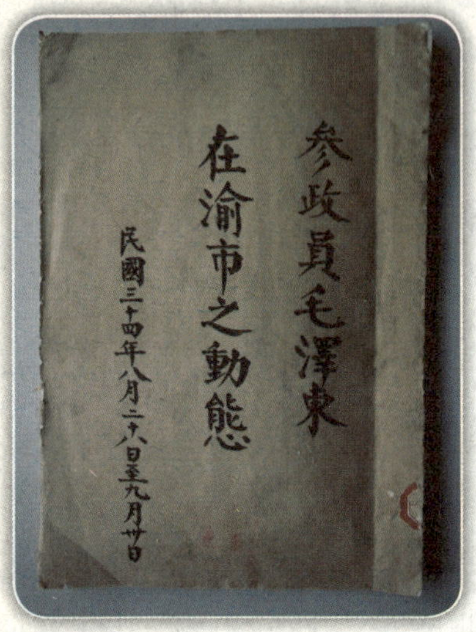

《参政员毛泽东在渝市之动态》封面

这份珍贵的一级文物《参政员毛泽东在渝市之动态》，共计48页，9154字。它是抗日战争胜利后国共两党在重庆举行和平谈判期间，由国民党派驻在桂园和红岩村的特务每天对毛泽东、周恩来和王若飞等人的活动进行严密监视的原始记录，由国民党政府军事委员会宪兵司令张镇呈送给军政部部长陈诚。这件珍贵的历史文物，为我们留下了当年毛泽东在重庆活动的足迹，让我们仿佛看见了毛泽东当年在重庆为和平民主团结而辛勤奔走的身影。根据《参政员毛泽东在渝市之动态》统计，仅9月1日至30日，到桂园去拜访毛泽东的各界人士就有100余人，毛泽东从桂园出发去参加的各类宴会、茶会或酒会有14次之多，毛泽东在桂园举行的招待各界人士的茶话会有6次，毛泽东从桂园出发去拜访的诸如宋庆龄、于右任、吴铁城、陈立夫等各界知名人士有数十人。

这件珍贵的历史文物，是重庆红岩革命历史博物馆以17.5万元的价格在北京海王村拍卖会上拍回来的。

《新华日报》印刷机

这是一台20世纪30年代由德国进口、装有西门子马达的平板印刷机，由潘梓年在武汉一家小报印刷厂购得。在《新华日报》发行9年1个月又18天、共3231期的漫长岁月里，它一直担负着《新华日报》和《群众》周刊繁重的印刷任务，而且至今仍能使用。机体上还留着因

《新华日报》的印刷机

《新华日报》排字、排版和浇铸的同志正在紧张地工作

特务突然停电破坏而造成的补丁。1938年10月，这台印刷机与新华日报馆一起从武汉迁来重庆，为唤起民众争取抗日战争的最后胜利建立了不可磨灭的历史功勋。1947年2月，《新华日报》被国民党无理查封后，这台印刷机被国民党军警拖至重庆南岸一个监狱的铁窗之中。1949年11月30日重庆解放，军管会在清查监狱时才发现了这台印刷机，后来交付重庆市计划委员会印刷厂使用。1985年，重庆市计划委员会印刷厂将这台印刷机交给重庆红岩革命历史博物馆。随后，它被评为国家一级文物。

“春长人寿，花好月圆”贺帐

2015年5月21日，离休干部吴大兰将自己珍藏了近70年的一幅贺帐捐赠给了重庆红岩革命历史博物馆。吴大兰的丈夫颜太龙曾是周恩来的警卫副官。

这幅红色丝质贺帐长70厘米，宽69厘米，上题“春长人寿，花好月圆”八个大字，并记录下了1946年八路军驻重庆办事处的三大喜事，在贺帐下方还有周恩来、叶剑英、邓颖超等很多办事处领导和工作人员的签名。

颜太龙和吴大兰收藏的有周恩来等人签名的“春长人寿，花好月圆”贺帐

颜太龙（右）与吴大兰合影

1946年元旦，八路军驻重庆办事处的工作人员拟定在红岩村聚餐，一来为庆祝佳节，二来时逢董必武61岁、吴玉章67岁寿辰，正好为二老贺寿。周恩来提议借此机会，把身边的警卫副官颜太龙与吴玉章外孙女吴大兰的婚事一道办了。于是，大家把元旦聚餐，董必武和吴玉章二老生日，颜太龙与吴大兰结婚，这三重喜事集中在一起庆祝。整个聚会办得简单而闹热，当时很多工作人员都参加了，并送上了大家签名留念的贺帐。

这幅贺帐一直由吴大兰保管，无论是战乱年代还是中华人民共和国成立后，都未曾离开她的身边。如今，这幅贺帐已被评为国家一级文物。

三颗子弹

2015年7月，重庆红岩革命历史博物馆收到了一批新的文物，这批文物是在中共中央南方局工作过的侯方岳和陈素敏夫妇的儿子侯明明捐赠的。

在捐赠文物中，有一个陈素敏从事地下工作时用过的手包，而手包的底部赫然保留着三颗子弹，这三颗子弹真实而生动地体现了当年中共中央南方局工作者的生活状态。在那个危机四伏的年代，工作者们时刻面临着生与死的抉择，随时可能因身份暴露而面临抓捕和刑讯。据侯明明说，母亲陈素敏随身携带的这三颗子弹，其中两颗是为敌人准备的，第三颗则是留给她自己的，从开始从事地下工作的那一天起，陈素敏就做好了随时牺牲的准备。

三颗子弹文物照

这三颗子弹历经半个多世纪的风风雨雨依然保存完好，它们见证了陈素敏从事地下工作时惊心动魄的时刻，也彰显出她舍身成仁的伟大精神，直观地向观众展示了当年中共中央南方局的隐蔽战线工作。目前，这三颗子弹已被评定为国家一级文物。

第三节 活动设计

当今社会，有部分人认为，革命先辈生活时代的社会背景与现在有着巨大差异，他们的精神风范对现今人们的影响已经越来越小了。实际情况果真如此吗？各位青少年朋友读过周恩来的《我的修养要则》吗？它语句平实，言简意赅，对于青少年朋友修身养性、励志成长具有重要的启迪作用。

请青少年朋友认真阅读周恩来的《我的修养要则》，结合自身实际，认真撰写一篇属于你们自己的《我的修养要则》。

第二章 统战春秋

第一节 人物和事件故事

安危谁与共，风雨忆同舟——周恩来与张冲

1931年，由于中共中央特别行动科负责人顾顺章被捕叛变，时任国民党中央党部调查科情报股总干事的张冲欲借此机会抓住周恩来。不想周恩来事先得到消息，采取紧急措施，使张冲处处扑空，一无所获。国民党当局一计不成，遂使出更为卑劣的手段，于1932年2月间冒用周恩来党内化名“伍豪”的名义，在上海多家报纸登出伪造的《伍豪等脱离共党启事》，产生了极其恶劣的影响，更是对周恩来的声誉造成严重损害。后经登报启事，周恩来才澄清这一谣言。这就是历史上著名的“伍豪事件”。

1937年8月，周恩来（左一）、朱德（左五）、叶剑英（左二）和张冲（左三）在南京国防会议期间合影。

抗日战争爆发后，中国共产党主张建立抗日民族统一战线。作为谈判代表，周恩来与张冲这对“宿敌”不可避免有了频繁的接触。在

大敌当前、救亡图存的大是大非面前，中共领导人情真意切、光明磊落的态度，令张冲十分感动。特别是周恩来，虽然两人政见不同，又有着公仇私怨，但为了民族大义，周恩来捐弃前嫌，真心诚意与张冲讲团结，赢得了张冲的敬佩，两人从敌人变成了朋友，结下了深厚的友谊，张冲也在工作中给予周恩来力所能及的帮助。正如周恩来回顾两人交往所写：

“我与淮南先生（张冲）往来何止二三百次，有时一日两三见，有时且于一地共起居，而所谈所为辄属于团结御侮。”[①]

“先生与我，并非无党见者，惟站在民族利益之上的党见，非私见私利可比，故无事不可谈通，无问题不可解决。先生与我，各以此自信，亦以此互信。”[②]

“每当问题争执之际，我辄以‘敌人所欲者我不为，敌人所不欲者我为之’之义陈诸先生，先生亦常以此义相督责，故问题终得解决。”[③]

“维护国共合作、共同抗日”的信念使两人越走越近，不知从何时起，张冲口中的“周先生”变成了“恩来”。

1941年国民党顽固派发动皖南事变，周恩来第一时间给张冲打电话提出严重抗议。张冲震惊之余，开始为弥合两党裂痕而奔走。他对部下说：“生死存亡之际，还做这等兄弟相煎之事，可耻！可悲！”[④]面对向自己提出质疑和抗议的周恩来，张冲安慰道：“恩来，你的质问和抗议，我一定马上向委员长转告，局势复杂，你一定要保重！”[⑤]

《新华日报》为揭露皖南事变真相，避开了国民党新闻检查机关的严格审查，登载周恩来的题词“千古奇冤，江南一叶，同室操戈，相煎何急”，引起社会各界的强烈反响，报纸销量从平时的一千份猛

---

①②③《悼张淮南先生》，《新华日报》，1941年11月19日。

④⑤ 张鲁鲁、王明湘、刘立群，《雾都明灯——红岩》，中国大百科全书出版社，1998年版。

增到五千份。面对共产党的回击，国民党顽固派自然不会善罢甘休。2月，一个宪兵队无理由地没收了一板车的《新华日报》，意在蓄意挑衅。周恩来怒不可遏，亲自跑去交涉，但宪兵队拒绝发还。于是，周恩来打电话给张冲，张冲立即赶来，终于取回了报纸。此时天色已晚，风雨交加，春寒料峭，张冲亲自陪同周恩来步行回到曾家岩的周公馆。

然而，由于身患恶疾，张冲于1941年8月不幸病逝，年仅38岁。在其追悼会上，周恩来哀痛地写下"安危谁与共？风雨忆同舟！"的挽联，并在发表演讲时声泪俱下、泣不成声，闻者无不动容！

抗战还在继续，团结更需加紧！中国共产党人宽阔的胸襟和海纳百川的气度，得到了众多有识之士的认可，周恩来与张冲化敌为友的故事也成为国共合作史上的一段佳话。

胡厥文的抗战胡子

1932年3月1日下午1点左右，侵华日本海军"出云"号巡洋舰所停泊的江面上突然发出震耳欲聋的巨响，江水飞溅数丈之高，事发附近的黄浦江沿岸及地上建筑物均有震感。而离爆炸中心最近的"出云"号虽未受太大损伤，却也被冲击得摇晃不止，舰上日军吓得四处乱窜、惊慌失措！

"出云"号是在沪作战日军的一个指挥部，当时日本陆军和海军商讨作战计划等事均在该舰上举行。为给日寇以沉重打击，一些爱国志士策划炸沉"出云"号。然而，当水雷抵近敌舰时，敌舰似已察觉，采取了措施，使水雷还未到达敌舰而先爆炸。该事件虽未达到预期效果，但其声势足以表明中国人顽强抗战、永不屈服的决心，对日军起到了震慑作用。这起爆炸事件的主要策划人之一便是在国产机器制造业拥有极高声望的著名爱国实业家胡厥文。

胡厥文从小立志实业救国，但在帝国主义和官僚买办资本对民族

1945年，剃须前的胡厥文与夫人沈方成的合影。

工业的排挤和打击面前，逐渐感到举步维艰、力不从心！九一八事变的爆发，更彻底惊醒了他的实业救国之梦，原本对政治无感的胡厥文自此投身于抗日救国的洪流中。

他一头扑进了各项救亡活动中，废寝忘食，日夜奔忙，组织工人轮班生产，日夜苦战，赶制了一批又一批手榴弹送往前线，还根据前线的需要制造了地雷和攻击装甲车的穿甲弹。忙于生产的胡厥文无暇理发和剃须，以致胡须满腮，他索性留起了长须，并说道蓄之以记国难，等赶走了倭寇时再剃。自此，他的胡须越来越长，长达盈尺，不到40岁就获得了“美髯公”之名。

1937年卢沟桥事变爆发，战火迅速向上海蔓延。当时，我国的工业大都集中在沿海城市，尤以上海为重。一旦上海失陷，工厂落入敌手，不仅会大大削弱中国赖以持久抗战的经济实力，而且会助长敌人的力量。所以明知会困难重重、损失惨重，胡厥文仍第一时间表示支持国民政府资源委员会提出的工厂内迁方案，并愿以己之力动员更多同行将工厂转移到后方去。

然而，不少人抱侥幸心理，认为战事短期内就可结束，心存观望。还有人认为机器设备极为笨重，战时交通阻塞，长途迁徙要冒大风险，不愿共赴国难。还有人只想在英、法租界栖身，企图苟安一时……总之，内迁动员工作困难重重。

在上海机器同业公会会议中，胡厥文对同行们动之以理、晓之以情，分析了日寇准备发动全面战争的形势，传达了政府会对内迁工厂给予一定帮助的政策，更当即表示会将自己所办工厂率先迁往内地。

胡厥文慷慨激昂的肺腑之言收到了很好的效果，不少企业家的思想开始发生转变。随后，他与同业公会的同事们不辞辛劳，日夜奔走于政府相关部门，落实迁移经费，并去各会员工厂耐心说服动员，帮助大家解除思想顾虑和经济困难。仅用了十多天，上海百余家私营机器厂决定内迁，胡厥文可谓功不可没！

工厂迁至重庆后，胡厥文为了恢复生产、支援抗战而终日奔忙，消瘦憔悴了许多，胸前的长须也变得花白。

1945年8月，抗战胜利的消息传来，胡厥文与全国人民一样欣喜若狂。在日本天皇签字投降后，他剃去已蓄了14年的长须，并在剃须前后各照了一张照片，合在一起称为“二我合影照”，似为父子，又似兄弟。剃须后，胡厥文去迁川工厂联合会开会。时间到了，大家都没有发现胡厥文，因而感到十分奇怪，一向按时到会的理事长今天怎么迟到了？后来有人看到了胡厥文的手杖，才发现没有胡子的胡先生早就到了会场，遂引得会场上一片欢笑。

[故事链接]

二我合影照

胡厥文偶然间将自己剃须后与剃须前的照片对比，发现判若两人，好似父子。为纪念抗战的惨痛历史，他决定将两张照片合拍成一张，并将其取名为“二我合影照”。胡厥文在相片上题词：“抗战胜利，父子昆季，勿怠勿忘，岂以为戏。”

二我合影照

华侨旗帜，民族光辉

1938年，正当众多爱国将士在前方浴血奋战，后方广大同胞和海外侨胞全力支持祖国抗战之际，国民党副总裁汪精卫却逆潮流而动，公然发表对日和平谈话。10月，恰逢国民参政会一届二次会议召开，一位参政员向大会提出议案“敌未出国土前言和即汉奸”，其忠肝义胆，被众人称颂。该议案在会上获得一致通过，更被著名爱国志士邹韬奋盛赞为“古今中外最伟大的一个提案”。

这位敢怒、敢骂、敢斗争的参政员便是被毛泽东称赞为“华侨旗帜，民族光辉”的陈嘉庚。

陈嘉庚出生于福建省同安县集美社（现属厦门市）的一个华侨世家，成长于国难深重的环境，乡民的贫穷和愚昧给他留下了触目惊心的记忆。成年后，通过创办实业，陈嘉庚逐渐积累了大量财富，却从不挥霍享受，而是立志兴学报国。1913年起，陈嘉庚出资陆续在家乡创办学校十所，另设幼稚园、医院、图书馆、科学馆、教育推广部，统称集美学校，其规模之宏大，体系之完整，全国首屈一指！

1921年，陈嘉庚创办厦门大学，他认捐开办费一百万元，常年费共三百万元，这是当时华侨创办的唯一大学，也是全国唯一独资创办的大学。然而，1926年起，受国际大势和同行激烈竞争的影响，陈嘉庚的企业陷入困境，可他仍坚定表态，企业可以收盘，学校绝不能停办，宁可变卖大厦，也要支持厦大，并果断卖掉三座大厦作为厦门大学的经费。即使企业经营极其困难，不得已要与人合作经营时，陈嘉庚也始终坚持必须在合约中写明所获利润抽出20%～50%（最高达100%）充作学校经费。1937年，陈嘉庚将厦门大学产业无条件献与政府，自此厦门大学改为国立。

七七事变后，全民族抗战爆发，陈嘉庚以南洋华侨筹赈祖国难民总会（简称“南侨总会”）主席身份，带领众多南洋华侨以财力、物力和人力支援祖国抗战，在陈嘉庚的大力推动下，仅1939年，“南侨总会”就募集抗战军费国币5亿巨款。然而随着战事推进，沿海出入口岸相继沦陷，海外华侨对祖国战事的了解变得越发困难。为了解国内实际情况，以及对华侨的捐赠有所交待，陈嘉庚组织了回国慰劳视察团，决定亲自前往抗战中的祖国，慰问英勇的抗日将士和了解中国国内的情况。

1940年回国以前，陈嘉庚一心拥护国民政府，认为蒋介石是团结抗日的。然而到达重庆后，官吏的腐败，人民的悲惨生活，令他极为痛心，十分苦闷，遂萌生了访问延安的念头。虽受诸多阻挠，陈嘉庚仍坚定表示：如果不能亲自前往（延安）访查，据实做出报告，将何以答侨胞托付？

延安之行是陈嘉庚人生中的重大转折点。访延期间，他与毛泽东、朱德等多次倾心交谈，四处参观走访，并与集美学校和厦门大学的校友、归侨青年广泛接触，其间的所见所闻与重庆对照，令他大为感慨：延安的领袖和群众艰苦朴素，真诚亲切，民生安定，政治清明，断定“中国的希望在延安”！

1940年，陈嘉庚在延安的欢迎会上致词。

从延安回到重庆后，应国民外交协会邀请，陈嘉庚做了《西北的观感》演讲，介绍了自己在延安的所见所闻：

“那里自抗战以后，

土地革命已经停止了，一切抗日的人都很自由。民众生活也很好，不痛苦，说到教育，也很好……他们进行了大规模的开荒运动，一年之内开垦了百多万亩田地，这些都是事实。”①

在国民党控制下的重庆，一个无党派爱国人士讲了这样坦率的公道话，在民众中引起强烈反响，也使国民党极为不满。

结束回国慰劳之行后，陈嘉庚将其亲身所见所闻一一依照事实向广大侨胞做出详细报告，更挺身而出，冲破国民党顽固派的重重围攻，以大无畏的精神走向群众，积极投身组织、宣传抗战工作，毛泽东特送条幅“华侨旗帜，民族光辉”八个大字给予赞颂，在华侨爱国爱乡史上留下了极为深远的影响！

毛泽东与黄炎培的延安“窑洞对”

1945年7月1日，为恢复陷于停顿中的国共和谈，黄炎培与其他五名参政员一起飞赴延安，就团结抗战、和平建国与中共领导人交换意见。

黄炎培等一行人，受到了以毛泽东为首的中共中央、陕甘宁边区政府领导人的热烈欢迎。随后的参观走访，更是给黄炎培等人留下了深刻的印象。

后来在与时任晋豫冀边区主席杨秀峰的交谈中，黄炎培更是对共产党的军队有了进一步的认识：共产党军队每到一处，必先争取民众。他们所用的办法是使民众站起来，聚拢来，让他们自由投票选出他们满意的人，做这个地方的乡长或其他公职。军队绝对不参加意见，地方政治就让地方民众去监督，使老百姓甘愿出心出力。凡是兵士和地方百姓发生纠纷，必先责备兵士，因为老百姓没有枪，绝不敢也绝不能欺负有枪的兵士……

---

① 白寿彝，《中国通史第十二卷 近代后编（1919—1949）》（下），上海人民出版社、江西教育出版社，2013年版。

1945年7月，毛泽东与黄炎培在延安机场合影。

延安几日行，目睹了解放区崭新的气象和军民的精神风貌，黄炎培仿佛看到了自己理想中的社会，心潮澎湃，感触颇深，但始终有一丝隐忧萦绕心间……

所以当有机会与毛泽东在窑洞内促膝长谈时，黄炎培正好不吐不快，直言不讳地说："我生六十多年，耳闻的不说，所亲眼看到的，真所谓'其兴也勃焉'，'其亡也忽焉'，一人，一家，一团体，一地方，乃至一国，许多许多单位都没有能跳出这周期率的支配力，大凡初时聚精会神，没有一事不用心，没有一人不卖力，也许那时艰难困苦，只有从万死中觅取一生。既而环境渐渐好转了，精神也就渐

黄炎培

黄炎培《延安归来》书照

渐放下了。有的因为历时长久，自然地惰性发作，由少数演为多数，到风气养成，虽有大力，无法扭转，并且无法补救。也有为了区域一步步扩大了，它的扩大，有的出于自然发展，有的为功业欲所驱使，强求发展，到干部人才渐渐竭蹶、艰于应付的时候，环境倒越加复杂起来了，控制力不免趋于薄弱了。一部大历史，'政怠宦成'的也有，'人亡政息'的也有，'求荣取辱'的也有，总之，没有能跳出这周期率。中共诸君从过去到现在，我略为有所认识，就是希望找出一条新路，来跳出这周期率的支配。"①

对于黄炎培的坦诚直言，毛泽东也随即自信地说："我们已经找到新路，我们能跳出这周期率。这条新路，就是民主。只有让人民来监督政府，政府才不致松懈。只有人人起来负责，才不会人亡政息！"②

对于毛泽东的回答，黄炎培很是赞同，当即表示："这话是对的。只有大政方针决之于公众，个人功业欲才不会发生。只有把每一地方的事，公之于每一地方的人，才能使地地得人，人人得事。用民主来打破这周期率，应该是有效的。"③

这段精彩的对话被后世称为"窑洞对"，辑录于黄炎培后来出版的《延安归来》一书中。

其实1944年3月，郭沫若有感于李自成攻占北京后骄傲自满，沉于享乐以致最终失败的前车之鉴，在重庆写下著名的《甲申三百年祭》，便引起了毛泽东的高度关注和思考。"窑洞对"的一席话，正

①②③ 黄炎培，《延安五日记》，载于《国讯》1945年10月第400期。

是毛泽东深思熟虑后向全国人民交出的答案。

伟人的话语在历史的时空中响彻，直到今天，我们仍然能感觉到它那穿越时空而来的沉甸甸的份量。“窑洞对”所蕴含的历史启迪对于新时期促进党的事业发展仍具有重要意义。

［故事链接］

毛泽东与《甲申三百年祭》

在纪念李自成领导农民起义300周年之际的1944年3月19日，郭沫若所写的《甲申三百年祭》在《新华日报》的副刊上发表，连载4天。文中论及李自成农民武装在一次次挫折中壮大强盛，最后却在胜利中败亡的历史教训，引起毛泽东的高度关注与思考。当时在延安的毛泽东对郭沫若的这篇文章大加赞赏，并批示有关部门立即刊印，把它列入整风学习的重要文件，让全党高级干部认真学习。同年11月，毛泽东致信郭沫若，再次赞赏《甲申三百年祭》，并指出：“我们把它当作整风文件看待。小胜即骄傲，大胜更骄傲，一次又一次吃亏，如何避免此种毛病，实在值得注意。”①

毛泽东三顾特园会张澜

特园是爱国民主人士鲜特生的公馆，抗战时期民主人士和社会名流常聚会于此，周恩来等中共中央南方局领导人也经常到此与他们共商国是，是中共中央南方局在重庆开展统一战线工作的重要场所。董必武曾为特园起名“民主之家”，冯玉祥将军为之题字，张澜为之撰

① 中共中央文献研究室，《毛泽东年谱》，人民出版社、中央文献出版社，1988年版。

联。毛泽东曾在1945年抗战胜利后赴重庆与国民党谈判期间三次光顾特园，他说："董老起名，冯玉祥将军题字，表老的楹联，也堪称三绝了。"①

毛泽东第一次来到特园是8月30日下午3时，由周恩来陪同，由鲜英引进张澜卧室，与张澜促膝而谈。毛泽东首先转达了朱德和吴玉章对张澜的问候，将带来的延安搞大生产时生产的深红色大方格毛毯送与张澜，并拿出朱德的信转交给张澜。信首称"表方（张澜字表方）吾师"，落款是"学生朱德"，信中的一句话"你的事业我们支持"，给了张澜极大的鼓舞。张澜是朱德在顺庆府中学堂求学时的校

张澜在重庆机场迎接毛泽东

毛泽东在机场与欢迎者合影。前排左起：张澜、邵力子、郭沫若、傅学文、张治中、毛泽东。

长，对朱德颇为关心，朱德对这段师生情谊也始终念念不忘。

在随后的畅谈中，张澜深为毛泽东的安全担心，提醒道："蒋介石在演鸿门宴，他哪里会顾得上一点信义。前几年我告诉他'只有实行民主，中国才有希望'。他竟威胁我说'只有共产党，才讲实行民主'。现在国内外形势一变，他也喊起'民主'、'民主'来了。"②毛泽东风趣地说："民主也成了蒋介石的时髦货。他要演民主的假戏，我们就来他一个假戏真演，让全国人民当观众，看出真假，分出是非，这出戏就有价值了。"③张澜颔首称赞："蒋介石要是真的回心转意，弄假成真，那就是全国人民之福啊！"④

①②③④ 赵东阜，《鲜英与民主之家》，中国社会出版社，2003年版。

在谈到和谈内容时，毛泽东详尽解释了中共中央在《对目前时局的宣言》中提出的六项紧急措施，并就战后中国的未来前途与张澜交换了意见。张澜连声称赞："很公道，很公道!蒋介石要是良知未泯，就应当采纳施行。"①

下午5点，毛泽东告辞，张澜亲自送出大门。

9月2日，张澜以中国民主同盟中央常务委员会的名义，在特园宴请毛泽东、周恩来等人。鲜英、沈钧儒、左舜生、黄炎培、张申府、章伯钧、罗隆基等作陪。再次来到特园，毛泽东一进门就高兴地说："这是'民主之家'，我也到家了。"②在会议中，他勉励大家："今天，我们欢聚在'民主之家'。今后，我们共同努力，生活在'民主之国'。"③

席间，特园主人鲜英献上家酿的枣子酒，浓度不高，味道香而醇厚。大家大谈民主和平建国诸事，宾主尽欢。宴毕，鲜英的女儿手捧纪念册请毛泽东题字，毛泽东手书"光明在望"相赠，大家深受鼓舞。

9月15日，毛泽东又一次前往特园看望张澜，同张澜进行了长时间的恳谈。毛泽东向张澜介绍了国共谈判的进展情况：中共为力争和平，一再做出让步，目前在承认各党派的合法地位、保障人民自由权利、召开政治会议等问题上已达成一致，但国民党不愿承认解放区的军队和人民政权，谈判已经陷入停顿。

张澜推心置腹地对毛泽东说："在五四以后，为了摆脱北洋军阀的统治，使人民能够过问政事，我曾经同吴老（吴玉章）在川北推行过地方自治，深知政权、军权对于人民的重要性。国民党丧尽民心，全国人民把希望寄托于你们。你们当坚持的，一定要坚持，好为中国保存一些净土！"④接着，张澜提醒说："现在，是你们同国民党双方关起门来谈判。已经谈拢了的，就应当把它公开出来，让大家都知

①②③④ 赵东阜，《鲜英与民主之家》，中国社会出版社，2003年版。

道，免得蒋介石今后不认帐。”[1]并主动表示：“你们如有不便，由我来给国共双方写一封公开信，把这些问题摊开在全国人民面前，好受到全国人民的监督和推动。”[2]毛泽东欣然采纳，当面称赞张澜是“老成谋国”。

在各方面的共同努力下，国共双方于10月10日签订了《双十协定》。10月11日，毛泽东飞离重庆返回延安，张澜到机场送行。他表示，日后中国实现了民主，要到延安去看望他们！毛泽东连声欢迎。

后来，每当回想起与毛泽东的几次会面，张澜总会深情地说：“我一生经历了几个朝代，在长期的革命斗争中，我终于发现，只有中国共产党才是真正为祖国、为人民谋福利的唯一政党！”[3]

死国，忠义之大者——黄琪翔

抗日战争结束，历经苦难的中国人为之付出了巨大代价，人们渴望安稳的生活，但内战阴云似乎始终挥之不去。国民党一边假意与共产党和谈，一边积极抢占地盘，1946年政协协议的墨迹未干，蒋介石却悍然发动内战。

面对兄弟阋墙的悲剧，作为国民政府现役上将的黄琪翔第一个站出来公开声明从此退役，绝不参加内战。蒋介石闻言大怒，通过陈诚警告他以后不要乱讲话。

黄琪翔为北伐名将，战功显赫，自1922年随孙中山先生参加革命，便在东征、南征诸战役中屡建战功。北伐战争时期，黄琪翔任军长的第四军有着“铁军”的美誉，他与叶挺并肩战斗，写下了国共合作的历史篇章。八一三淞沪抗战，黄琪翔受命于危难之时，先后担任第八集团军副总司令、总司令，亲临前线鼓舞全体将士，率部与日本侵略

①② 赵东阜，《鲜英与民主之家》，中国社会出版社，2003年版。
③ 沈自强，《毛泽东与张澜先生会见的回忆》，《四川盟讯》，1983年第6期。

1944 年 9 月，中国远征军副司令长官黄琪翔（右二）、中国远征军第十一集团军代总司令黄杰将军（右一）在滇西前线与盟军指挥官研究作战方案。

军浴血奋战。第二次国共合作中，国民政府改组军事委员会，成立政治部，陈诚为部长，黄琪翔、周恩来为副部长。期间，黄琪翔与周恩来建立了深厚的友谊，他们除了对抗战形势进行分析和讨论，交换对政治部工作的意见，还经常和大革命时期的老战友叶剑英、叶挺等会晤，扩大团结抗战的影响。1939年秋后，黄琪翔壮志得酬，直奔前线抗敌，先后任第十一集团军总司令、第六战区副司令长官、中国远征军副司令长官等职。在戎马倥偬、艰苦抗战的岁月里，他常以司令部为家，并团结进步人士，积极为国共合作、联共抗日奔走。

抗日战争胜利后，由于战功卓著，国民政府授予黄琪翔“青天白日勋章”“抗日战争胜利勋章”以及美国最高荣誉奖章“总统自由勋章”。黄琪翔长期从事民主活动，是农工民主党的主要创始人和领导者之一。他的存在令蒋介石如鲠在喉，纵其有卓越的军事才华，也不受重用。1946年春，黄琪翔被授予上将军衔，实际上却被解除了军职。

随着国内的形势不断恶化，国共谈判的大门已被关闭，内战不可

1948年10月15日，黄琪翔将军由德国柏林回国述职，摄于上海机场。

避免，以周恩来为首的中共代表团决定撤回延安。1947年初，临行前，周恩来、邓颖超借黄琪翔在上海靖江路的寓所举行了一次聚会，与各方知名人士话别，邀请了张澜、沈钧儒、黄炎培、章伯钧等几十位客人。与会人士对于蒋介石蓄意发动内战感到愤慨，又对周恩来、邓颖超等中共领导人的即将离去感到难过。豪爽好客的黄琪翔夫人郭秀仪亲自下厨，为大家做了“自助餐”，并拿出家中仅存的一瓶三星白兰地酒。这次聚会给黄琪翔、郭秀仪夫妇留下了终生难忘的印象，大家都等待着再次相聚的那一天。

“死国，忠义之大者”，黄琪翔常以此句自勉。作为军人，为国为民绝无保留地贡献一切，天经地义，死而无憾，但若要他将枪口对着自己的朋友，陷黎民苍生于水火之中，黄琪翔绝不苟同。他既不愿参加蒋介石发动的反人民内战，又没有挽救的办法，无奈之下只有接受陈诚的建议——出任驻德国军事代表团团长。1947年6月，黄琪翔偕家人赴柏林就职。期间，除每个月例行公事地向南京国防部汇报当时的国际情况外，他简直无所作为，同英、美、苏、法的代表团都没有什么交往，仅仅和其他国家的驻德国军事代表团偶尔有些来往。本该驰骋沙场的将军完全无用武之地，只能通过阅读书报或外出考察来消磨时光，无奈地过着休闲养老的生活，他心中的苦闷可想而知。

1948年9月，黄琪翔奉召回国述职。他向蒋介石力陈己见，力图劝阻蒋放弃内战，蒋恼怒地叫他不必再回德国去了，解除了他的职务。黄琪翔毅然出走，前往香港，公开宣布同国民党政府彻底决裂，积极从事迎接全国解放的爱国民主活动。

鲜英与民主之家

1931年，重庆市嘉陵江畔，上清寺西南角的一块坡地上，建起了一片远近闻名的别墅群，因其主人鲜英字特生而命名为特园。鲜英，曾在国民政府为官多年，于1939年辞职，弃政从商，并投身抗日民主运动，以特园作为民主人士活动的场所。

随着国民政府迁都来渝，重庆在国内的政治、军事、经济地位大大提升，民主政治活动也极为频繁。然而，由于蒋介石实行反共政策，限制中共和民主党派人士的活动，并密令重庆的一些公共场所，如青年会、抗建堂、西南实业大厦、迁川工厂联合会等处，不许租借给共产党作为活动地点，阻碍中共与民主进步人士的联络，给中共中央南方局的对外活动造成了极大的困难。

1938年底，周恩来抵达重庆后，先请董必武去特园拜访鲜英，谈及中共愿意与各界人士共赴国难，需要有共商国是的场所，不知特园能否提供方便。爱国情切的鲜英当即表示欢迎。次日，周恩来由董必武陪同，亲自到特园向鲜英表示感谢，并分析了国内外形势，阐述了中共在抗日时期的地位、任务和统战政策。两人畅谈达三小时之久，鲜英对周恩来的非凡气度与远见卓识钦佩不已。最后，话题回到利用特园作为抗日民主活动场所的问题，周恩来关切地问道："蒋介石这人大家都知道，他对陪都重庆控制很严，提供特园要承担一定风险，也会有许多麻烦，特生先

鲜英在特园门前留影

1945 年 10 月，民盟中央召开全国临时代表大会，会后四位中央委员沈钧儒（右一）、张澜（右二）、鲜英（右三）、李公朴（右四）在特园留影。

生，请问，怕不怕？”①

鲜英干脆地回答：“特生久有报国之志。今天周先生、董先生推心置腹，披肝沥胆，深明大义，我是义无反顾。一句话：一愿意，二不怕！”②

冯玉祥为特园题写的“民主之家”木匾

鲜英一言九鼎，从此，中共中央南方局在重庆就多了一处重要的活动场所，中共方面长期工作在重庆或偶来重庆工作的重要人士都到过特园。

由于中共中央南方局借特园开展活动，与各界爱国民主人士频繁来往，加之国民参政会迁渝后，坚持抗日的爱国进步参政员常聚首于

①② 赵东阜，《鲜英与民主之家》，中国社会出版社，2003年版。

特园，交流政见，讨论国是，使特园常常胜友如云，俨然成为民主运动大本营，董必武因此为其取了“民主之家”的雅号。

其实，特园不仅是中共领导统一战线的中心活动场所，而且是中共在敏感时期对外发出“声音”的重要窗口。

1939年1月，国民党五届五中全会制定了“溶共、防共、限共、反共”的反动政策，通过了《限制异党活动办法》等一系列反共秘密文件，但这些消息通过特园不胫而走，引起社会的关注。同年6月12日，“平江惨案”发生，由于担心影响国共合作，中共方面不便直接出面通报事件经过，借居特园的张澜知道事件真相后，出面邀请在重庆的爱国人士于特园举行报告会，请董必武报告“平江惨案”经过，并将报告印发，冲破国民党的舆论封锁，使国民党军队的暴行在抗日大后方激起公愤。

除了与中共的深厚渊源，特园还是八大民主党派之一民盟的大本营。民盟在特园酝酿成立，特园是民盟没有挂牌的总部，民盟的重要活动都在这里举行。

作为一名著名爱国民主人士，鲜英为推翻国民党独裁统治，推动中国民主运动的发展做出过重要贡献。回顾历史，我们可以发现正是因为有了像鲜英这样一批有重要社会地位和较大影响的人士投身民主运动，才使得中国共产党的统一战线政策取得了辉煌成绩。

张治中三到延安

抗战胜利，举国欢腾，但国共两党的商谈却陷于停顿，国内问题危机四伏，一触即发。为了避免国家再次陷入内战漩涡，作为蒋介石嫡系高级将领的张治中积极进言，劝蒋介石顺应时局人心，恢复两党和谈，邀请毛泽东赴重庆商谈国是。在多方共同推动下，毛泽东赴重庆和谈一事得以成行。为表诚意，张治中亲赴延安，陪同毛泽东一行于1945年8月28日由延安飞抵重庆。这是张治中第一次到延安。

1945年8月，毛泽东（前）赴重庆谈判，与张治中（后）在飞机上。

毛泽东抵达重庆后，与周恩来等人住在八路军位于红岩村的办事处。张治中考虑到红岩村地处重庆郊外，同重庆各界人士交往不便，便将自己位于重庆中山四路上清寺的官邸桂园腾出来，供毛泽东、周恩来和他们的工作人员使用，由自家的服务人员照料他们的生活，并派政治部警卫营的一个手枪排换成便衣担任内部保卫工作。

重庆谈判历时43天，多次濒于破裂边缘。张治中作为国民党谈判代表在整个谈判过程中尽心竭力，以至于寝食难安，其真诚为国的精神有目共睹。

国共双方经过艰苦曲折的谈判，于10月10日正式签署《政府与中共代表会谈纪要》(即双十协定)。毛泽东离渝返延之际，外界谣言四起，说军统特务将有不利于毛泽东的行动，民主人士更以“重庆气候欠佳，不如早返延安”“三十六计走为上计”等相劝。为保证毛泽东的安全，张治中亲自陪同毛泽东坐专机回到延安。这是张治中第二次到延安。

为答谢张治中连续两次亲临延安迎送毛泽东的深情厚谊，当晚延安举行了一个盛大的欢迎晚会，宾主尽欢。第二天，张治中飞返重庆时，毛泽东亲临机场送行，送上精毛线、粗呢、红枣等延安特产，并称赞张治中“你为和平奔走是有诚意的”。[1]毛泽东的细心与诚挚，令张治中心窝一暖，倍感欣慰。

---

① 张治中，《张治中回忆录》，华文出版社，2007年版。

1945 年，毛泽东（左）与张治中（右）在重庆。

1946年1月10日，国共双方代表共同签署了《关于停止国内军事冲突恢复交通的命令和声明》（简称《停战协定》）。2月25日，张治中、马歇尔与周恩来在重庆签订《关于军队整编及统编中共部队为国军之基本方案》（简称《整军方案》）。在讨论的过程中，双方在军队整编方面争执不下：在整编数字方面，中共初步要求16个军48个师，而蒋介石始终坚持“12师之数乃中央所能允许之最高限度”。[①]最后中共让步，希望整编成24个师，最少20个师。中共的诚意让张治中甚为感动，他特意同蒋介石进行了长谈，指出共产党已经做出了很大的让步，力劝蒋接受中共的意见，尽快达成协议。见张治中一味为中共说话，蒋介石气得面红耳赤。两人正在大声争论时，马歇尔正好进来，见两人剑拔弩张的样子，甚为惊讶地问：“到底发生了什么事?”[②]蒋介石愤愤地说：“我正在和共产党代表谈判!”[③]

《整军方案》签订后，由中共代表周恩来、国民党代表张治中加

① 范小方、毛磊，《国共谈判史纲》，武汉出版社，1996年版

②③ 舒风，《周恩来与张治中》（上卷），华文出版社，2012年版。

上美方代表马歇尔组成最高三人小组，先后到北平、张家口、济南、武汉等地视察，然后访问延安。

桂　园

张治中在《整军方案》上签字

1946年3月4日下午，张治中三到延安，毛泽东亲自到机场迎接。在当晚的欢迎晚会上，张治中表达了热切希望国共双方都能切实遵守停战协定的愿望。末了，他还向在座的朋友们说了一句意味深长的话："你们将来写历史的时候，不要忘记'张治中三到延安'这一笔!"[①]毛泽东回应说："张将军将来也许还要四到延安，怎么能说是三到呢?"[②]张治中说："和平实现了，政府改组了，中共中央应该搬到南京去，你也应该住到南京去。延安这地方，不再有第四次来的机会了。"[③]虽然后来蒋介石确有要张治中四到延安的提议，但未成行。

为了国家和人民的利益，张治中一直奔走于国共两党之间，呕心沥血。1949年，张治中作为国民政府谈判代表团首席代表，率国民政府代表团赴北京与周恩来为首的中共代表团谈判。当和平协定被国民党拒绝后，张治中选择留在北京，投向人民阵营。张治中被毛泽东称为"三到延安的好朋友"![④]

①②③ 舒风，《周恩来与张治中》（上卷），华文出版社，2012年版。

④ 余湛邦，《张治中与中国共产党——张治中机要秘书回忆录》，中共中央党校出版社，1991年版。

“中国灯泡之父”的彷徨与抉择

1944年抗日战争期间，由于国民党军队在河南和湘桂两线的急速崩溃，日军于11月10日攻下桂林，又进而占领独山，使贵阳受到威胁，重庆大为震动，人心惶惶。为转移民众视线，陈立夫指使会计师潘序伦和亚浦耳灯泡厂老板胡西园，发动一部分资本家发表了一个宣言，宣扬局势严重是由于“中央政府的军令政令不统一；军令政令的不统一，是中国共产党和八路军在起作用”。这个宣言在重庆的工商界引起了很大的思想波动，也给中共中央南方局的统战工作造成了很大的困难。

胡西园在中国民族工业界可是响当当的人物——第一只国产长丝白炽灯泡诞生于他的实验室；他创办的亚浦耳灯泡厂可谓国内同行中的翘楚，其产品甚至行销海外。胡西园时任迁川工厂联合会的常务理事，是著名爱国实业家。为了说明所谓军令政令的真相，中共中央南方局经济组组长许涤新登门拜访胡西园，希望借此对胡西园开展统战

20世纪30年代初，亚浦耳灯泡厂领导层在辽阳路总厂办公楼前留影（前排左三为胡西园）。

胡西园

工作。谁知这位胡老板盛气凌人，对许涤新的解释听不进半句，吵了一通之后，恼羞成怒，高声送客。

当时，胡西园对中国共产党知之甚少，心存疑虑，特别是企业中常发生劳资纠纷，他隐约知道共产党是代表工人利益的，从而对共产党很是抵触。种种原因，使得胡西园被国民党利用，做出了上文所述“发表宣言”的举动。

抗战胜利后，美国剩余物资潮水般地涌入重庆，迁川工厂生产的产品的销路受到影响，民族工商业面临严重挑战。那些平时以“爱护工业、提倡生产”为口头禅的官僚们争先恐后纷纷东下，“劫收”大员吃得脑满肠肥，哪有人听得到内迁工厂苦难的呼喊？

胡西园当时担任全国工业协会理事长、迁川工厂联合会常务理事，他与吴羹梅、刘鸿生、李烛尘一起会同迁川、湘、桂各厂负责人召开了迁川工厂联合会会员大会，商讨各厂应对困局的办法。大会通过了四项决议：一是充分供给开工工厂原材料，并贷给所需的流动资金；二是收购各厂滞销的工业品；三是收买已关工厂的机件设备；四是贷款或资助内迁工厂回乡，并协助其开工。核算后，总需款数额约法币100亿元左右。大会推选胡西园与胡厥文、吴羹梅、刘鸿生、李烛尘为代表，全国工业协会总会复推上述五人为代表，与国民政府交涉有关贷款的各项事宜。

令他们没有想到的是，本来合情合理的诉求，实际操作起来却处处碰壁。

先是国民政府经济部与财政部相互推诿，不肯“接招”。企业家们被逼无奈，只得向行政院院长宋子文请愿交涉，宋子文又以数额巨大为由，要他们直接找蒋介石定夺。最后经过几个月的不懈斗争，迁川工厂要求的贷款终于被批准减半发放了50亿元。

在这个过程中，胡西园对国民党政权有了越来越清楚的认识。

1945年8月28日，毛泽东赴重庆与蒋介石进行和平谈判，这一消息在民族工商业界引起了极大的反响，胡西园与其他工商业者密切关注着时局的发展。9月17日，胡西园与其他几位民族工商业知名人士在桂园受到了毛泽东的接见。毛泽东向他们阐明了中国共产党对民族工商业、民族资产阶级的态度，表示中国共产党是工人阶级的政党，工人阶级与资产阶级是存在矛盾的，但在现阶段，在新民主主义时期，共产党不主张没收民族工商业家的产业，而是采取调节劳资关系的政策，不会把爱国工商界人士当作敌人，而是把他们当作朋友，希望大家共同努力，建设一个新中国。

亚浦耳灯泡厂商标

亚浦耳灯泡厂工人吹制灯泡时的工作情形

听到这情真意切的一番话，胡西园颇为震动，他对共产党人果敢、坦荡的风格和以天下为己任的胸怀表示由衷的敬佩。胡西园感到自己的心和共产党人靠得越来越近。同年10月，周恩来在星五聚餐会上所做的《当前经济大势》的著名演讲，使胡西园进一步了解了共产党的经济纲领和方针政策。

胡西园与众多的民族工商界人士开始意识到：仅仅靠实业救国的理想并不能挽救国家和民族的命运，也不能为民族工商业拓展足够的生存和发展空间，他们需要建立一个既能在民主团结、和平建国中发挥作用，又能维护切身利益的组织。1945年底，胡西园与黄炎培、胡厥文、章乃器等共同发起筹建民主建国会。上海解放前夕，胡西园拒绝去台湾，留了下来。这位有着“中国灯泡之父”美称的爱国实业家在历经磨砺后终于认清了方向。

第二节 文物故事

毛泽东致许德珩夫妇的感谢信

这是一封毛泽东亲笔写的信，没有信封，信件内容以电报形式发出，它记载着共产党人与民主党派人士间的深情厚谊。

红军长征到达延安后，由于国民党的封锁，根据地的物资供应十分困难，食品和日用品都极度匮乏，党的最高领导人没有布鞋只能穿草鞋，更别说行军打仗中必备的怀表了。许德珩和夫人劳君展获知这一情况，于1936年深秋特意拿出300元积蓄，买了12块怀表、30多双布鞋和10多只火腿等物品，委托中共地下党员徐冰、张晓梅夫妇设法辗转送达陕北。毛泽东收到后，于1936年11月2日写下了这封致谢信。

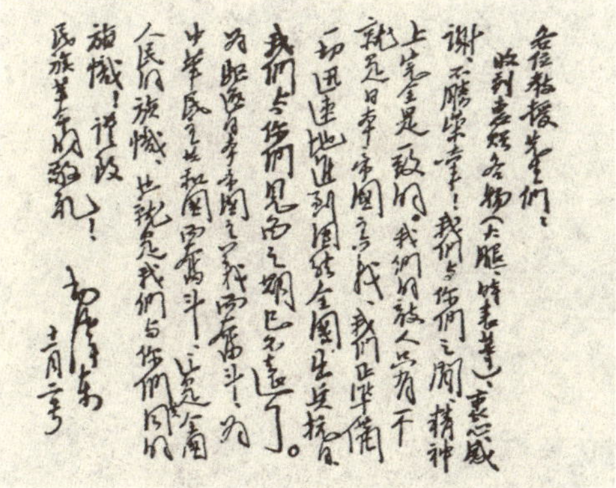

德珩、君展先生们：

收到寄赠各物（火腿、时表等），衷心感谢，不胜荣幸！我们与你们之间，精神上完全是一致的，我们的敌人只有一个，就是日本帝国主义。我们正准备一切迅速地进到团结全国出兵抗日，我们与你们见面之期已不远了。为驱逐日本帝国主义而奋斗，为建立中华民主共和国而奋斗，这是全国人民的旗帜，也就是我们与你们的旗帜！谨致民族革命的敬礼！

毛泽东

十一月二日

毛泽东致许德珩夫妇的感谢信

重庆谈判期间，毛泽东在红岩村二楼的办公室会见了许德珩、劳君展夫妇。

1945年9月12日上午，重庆谈判期间，许德珩、劳君展夫妇受邀赴八路军驻重庆办事处与毛泽东会面。毛泽东与许德珩畅谈当年在北京大学并肩战斗的难忘往事，与劳君展回顾了在湖南组织新民学会和驱逐军阀张敬尧的往事。

周恩来为马寅初六十寿辰送的对联

由于国民党的政治迫害，著名经济学家马寅初于1940年12月6日被捕入狱。为了声援这位被囚的民主斗士和可敬的师长，在中共中央南方局引导下，重庆大学学生冲破重重阻挠，决定于1941年3月30日在校内举行“遥祝马寅初先生六十寿辰大会”，提前为马寅初祝寿。周恩来、董必武、邓颖超三人写了寓意深刻的寿联——“桃李增华坐帐无鹤，琴书作伴支床有龟”，寓意马老虽有桃李增华，但身陷囹圄，无法回校上课，幸有琴书作伴，将如支床龟般长寿。《新华日报》也赠送了“不屈不淫征气性，敢言敢怒见精神”的寿联，表达了共产党人对这位真理斗士的敬重与赞扬。

1942年8月，马寅初出狱后被软禁在重庆歌乐山寓所。

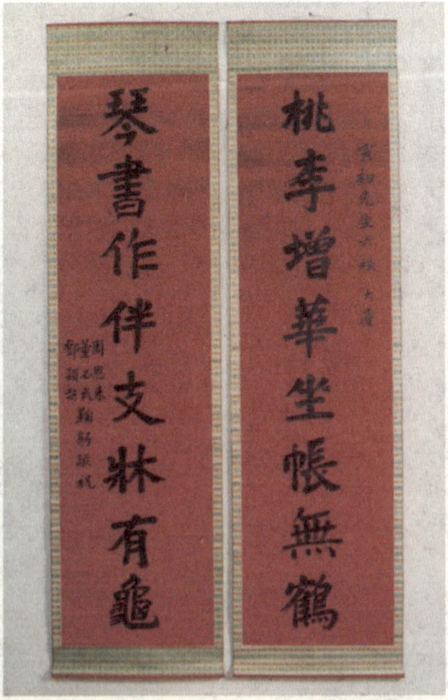

1941年3月，周恩来、董必武、邓颖超三人联名，由董必武书写的祝马寅初六十大寿寿联。

第三节　活动设计

各位青少年朋友对八大民主党派有多少了解呢？它们的特点和建立过程是怎样的呢？请大家阅读关于民主党派的书籍，以《我所知道的某某党派故事》为题撰写一篇短文。

第三章 浩气长存

第一节 人物和事件故事

千古功臣杨虎城

1937年10月，一艘由法国马赛开往香港的轮船缓缓驶离海港。甲板上，一位气宇轩昂的男子长身而立，望着茫茫无际的大海思绪万千，他就是联合张学良发动西安事变的杨虎城将军。西安事变促进了国共第二次合作，推动了中国的全面抗战，杨虎城将军却在事后遭到蒋介石的清算而辞去职务流亡海外。

卢沟桥事变爆发后，澎湃在杨虎城体内的一腔爱国热血使他顾不得

杨虎城身穿军装照

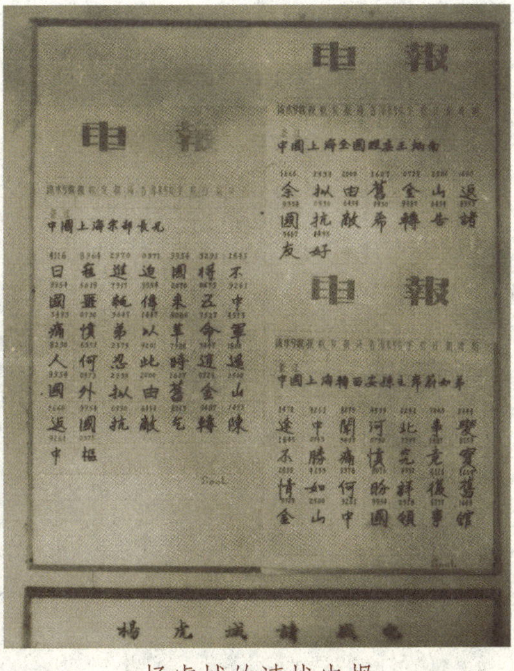

杨虎城的请战电报

贵州玄天洞——杨虎城将军被囚处

自身安危而踏上归途，怀着一颗赤诚之心奔赴阔别半年的祖国。经过近一个月的航行，11月26日，杨虎城一行终于抵达香港。12月2日，杨虎城由戴笠陪同乘飞机去南昌。当他一踏上国土，便被软禁于戴笠在南昌的办公处所。

从此，杨虎城开始了被秘密关押的生活。南昌、长沙、益阳、息烽、重庆，十余年辗转迁徙的监禁生涯，令杨虎城苍老了容颜，花白了头发，经历了中年丧妻之痛，受尽了特务的凌辱折磨，从希望到失望再到绝望。归国后，他虽身陷囹圄，却时刻从报纸上关注着抗战动态，时而为胜利欢欣，时而为失败激愤。被关押在南昌时，有部下曾感叹他若不回国也许局面会不同，他却毫无怨言地说："我是一个军人，且在'双十二'时我和张先生为了抗日救国而发动兵谏。今中央和全国一致抗战，我若竟逍遥国外，那么，就失去'双十二'举动的意义了。我今回到祖国，为的是愿当一兵一卒，亲上前线杀敌。但是人家不让我上前线，或竟把我牺牲了，

杨虎城将军被囚处——杨家山囚室

我也问心无愧。”[1]被关押在贵州息烽玄天洞时，他得悉日机轰炸重庆，祖国半壁江山沦陷，心情沉重，见到警戒在四周的特务一个个身强力壮，他不禁愤慨道：“你们为什么不走？在这里呆着干什么？这样下去就完了。”[2]在多年的监禁中，夫人谢葆真被特务折磨得精神失常，儿子杨拯中因营养不良而少年老态，狱外的儿女生死不明，在戴笠上山劝降时，杨虎城厉声说：“你们让我揭露什么共产党人的阴谋？这是要拿我去做打共产党的炮弹，让我成为全国人民唾骂的千古罪人，与其这样，还不如把我枪毙了好！”[3]

杨虎城将军殉难处——松林坡戴笠会客室

1949年8月，妄图在重庆负隅顽抗的蒋介石下令将关押的政治犯择重要者杀掉一批。9月1日，杨虎城被转移到了贵阳。之后，杨虎城被告之，蒋介石要见他，请他回重庆去。9月6日，杨虎城半信半疑地来到了重庆歌乐山，住进了松林坡的戴公祠。当杨将军同儿子一跨进会客室大门，早已埋伏在门后的一众刽子手，将匕首刺进了他们的胸膛，事后，二人的遗体被刽子手掩埋在会客室旁的花坛里，并种上花草以掩盖罪证。作为一个军人，杨虎城没能牺牲在杀敌前线，却惨死在国民党的屠刀之下，可叹将军戎马半生，却饮恨而终。

重庆解放后，党和政府根据线索迅速组织人力查找到了杨虎城的

①②③ 厉华、刘和平、王庆华、陈建新，《魔窟——来自白公馆和渣滓洞的报告》，重庆出版社，2007年版。

遗体。1950年1月15日，西南军政委员会和重庆各界群众隆重举行了杨虎城追悼会。会后，将军及遇害烈士的灵柩均覆盖国旗被护送回陕西公祭，安葬于长安县陵园，而杨虎城将军的千古功勋将永远被后人铭记感念。

巾帼英雄江竹筠

江竹筠烈士

1948年，彭咏梧在领导川东武装起义中壮烈牺牲，敌人在得知他身份后，竟残忍地砍下他的头颅悬挂于城楼上示众。尽管早已做好心理准备，但是这样惨烈的消息还是让作为妻子的江竹筠窒息得透不过气来，这个坚强沉着的女子强忍着内心的痛苦如常地安排工作，商量对策，和同志们一起返回重庆汇报情况。

春节期间，江竹筠去看望寄养在朋友家的儿子彭云。见到久别的儿子，想到他如此年幼便已失去父亲，江竹筠紧紧地搂住孩子，无法抑制地痛哭起来，懵懂的儿子看到妈妈的样子也放声大哭，母子二人的哭声惊动了主人一家。不明就里的朋友不知为何一向坚强的江竹筠会如此失态，责怪她太失礼，大年初一不顾忌讳地跑到别人家里大哭一场。江竹筠沉默片刻突然问道："你说，两岁的孩子能记得父母吗？"[①]朋友一愣，随即说道："革命很

① 厉华、刘和平、王庆华、陈建新，《魔窟——来自白公馆和渣滓洞的报告》，重庆出版社，2007年版。

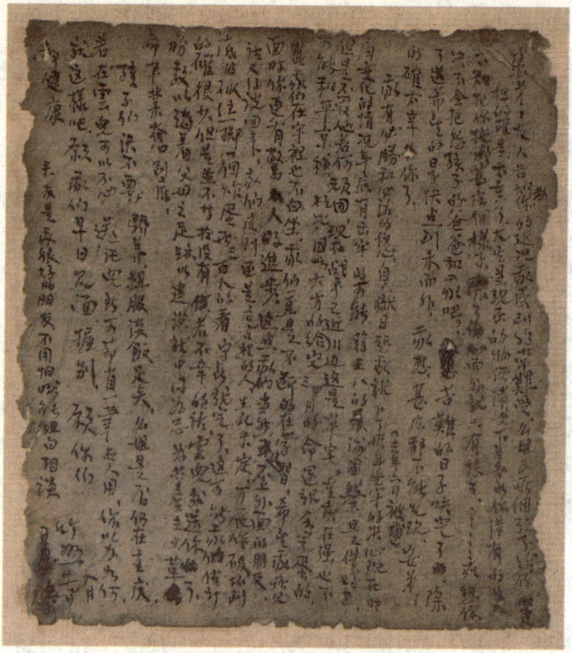

江竹筠在狱中写给竹安弟的信

快就胜利了，那时你们住在一起，不就熟悉了吗？”[1]这时，江竹筠才将丈夫牺牲的消息告诉朋友，结果两人抱头痛哭起来。

组织上考虑到她经受的打击，再三挽留她在重庆工作，也方便照顾孩子，但她说：“这条线的关系只有我熟悉，别人代替有困难，我应该在老彭倒下的地方继续战斗。”[2]她义无反顾甚至抱定了赴死的决心，斩断了所有退路，怀抱着满腔的热血前往万县待命。

白天，江竹筠在工作中果决、理智、有条不紊，只有在夜晚的昏黄灯光下才将心中对丈夫的怀念和对儿子的牵挂流露在写给重庆亲戚的信中：“四哥（彭咏梧），对他不能有任何的幻想了。在他身边的人告诉我，他的确已经死了，而且很惨。……这惨痛的袭击你们是不会领略得到的。家里死过很多人，甚至我亲爱的母亲，可是，可是都没有今天这样叫人窒息得透不过气来。……我记得不知是谁说过：‘活人可以在活人的心里死去，死人可以在活人的心中活着。’你觉得是吗！所以他是活着的，而且永远的在我的心里。”[3]“现在我非常担心云儿，他是我唯一的孩子，而且以后也不会再有。我想念他，但是我不能把他带在我身边……我希望他健康，若祈祷有灵的话，我真想为他的健康祈祷了！最后我希望你常常告诉我云儿的消息。……我不希望他要吃好穿好，养

---

[1][2][3] 厉华、刘和平、王庆华、陈建新，《魔窟——来自白公馆和渣滓洞的报告》，重庆出版社，2007年版。

江竹筠在渣滓洞被关押的女牢房

成一个骄（娇）少年，我只希望你们能照顾他的病痛，最好是不要有病痛……”[1]

由于叛徒的出卖，1948年6月14日，江竹筠不幸被捕，随即被押送到重庆，关在渣滓洞看守所。

在狱中，江竹筠表现得坚贞不屈，无论是用刑还是诱降，对她来说都没有用，她坚定的信仰和英勇的表现激励了狱中难友，赢得了大家的尊敬，所有人都亲切地称她江姐。狱中没有正式的党组织，江竹筠等几个人成为实际上的领导核心。他们提出“努力学习，迎接解放”的口号，凭记忆背诵《新民主主义论》《论共产党员的修养》两本书的主要章节，然后各自联系几个人共同学习，形成学习小组，这些小组实际上起着党小组的作用。

作为革命者，她早已将生死置之度外，但作为母亲，她始终牵挂着儿子彭云。1948年8月，江竹筠让被营救的难友给亲戚带去了一封信，并说：“如果我有什么不测，这封信也算是我的遗书吧！”[2]信中，她写道：“假如不幸的话，云儿就送你了。盼教以踏着父母之足迹，以建设新中国为志，为共产主义事业奋斗到底。孩子们不要骄养，粗服淡饭足矣……”[3]

1949年11月14日，渣滓洞女牢房被刺耳的叫声划破宁静：“江竹筠、李青林赶快收拾行李，马上转移。”[4]江竹筠明白最后的时刻到了，面对死亡，她没有惊慌恐惧，将自己在狱中默写的《新民主主义

---

①②③④ 厉华、刘和平、王庆华、陈建新，《魔窟——来自白公馆和渣滓洞的报告》，重庆出版社，2007年版。

论》交给同牢难友，然后脱下囚服，换上自己的阴丹士林布旗袍，外面罩上一件红毛衣，搀扶起因受刑而断腿的李青林，与难友们挥手告别。傍晚的歌乐山残阳如血，江竹筠和李青林被特务押赴刑场，两人从容地行走在荒草丛生的林间，突然一阵枪响，两人重重倒下。江姐牺牲了，但她的革命精神代代传承，她的英勇事迹千古传唱。

[故事链接]

狱中春节联欢会

1949年的春节，被关押在渣滓洞监狱的狱友在严密看管下，在监狱里举行了一次春节联欢会，庆祝中国的传统节日。

这天早上，狱友们利用吃早饭的时间，拿出准备好的春联贴在牢房门上。中午吃过午饭后，狱友们利用集体放风的机会，到放风坝上互致新春祝贺，还互相赠送自制的贺年片、小礼物。用草纸和硬纸块做成的贺年卡，有的用从狱医那里搞来的红药水画着镰刀、斧头，有的画着出土的小草，还有祝辞“野火烧不尽，春风吹又生”。最精致的要数余祖胜送的礼物了，他把平时收集的塑料牙刷柄和竹节木块精雕细刻成一百多颗小红心，并在上面刻上“革命到底”“不自由毋宁死”等字样。大家还表演了节目，带着脚镣的“踢踏舞”、空心筋斗，赢得阵阵喝彩，女同志们表演的延安秧歌舞更是把看守惊得目瞪口呆。

高扬党的旗帜

罗世文

1940年3月，国民党制造成都“抢米事件”，抓捕了《新华日报》成都分社负责人罗世文和中共川西特别委员会军事委员会委员车耀先。两人被捕后，国民党特务机关如获至宝，派专机将他们押送到重庆，并由军统局局长戴笠亲自审讯，希望能以此为突破，进而把四川的共产党员一网打尽。

在审讯过程中，戴笠努力说服罗世文参加国民党的工作，甚至还请出了罗世文留学苏联时的同学，试图晓以同窗之谊，诱以物质之利，劝其自首。然而，罗世文对于国民党开出的招降条件嗤之以鼻，痛斥了惺惺作态的同学，厉声要求戴笠无条件释放大家，表现出坚定的革命气节。

最终，特务对罗世文和车耀先审讯无果，只好将两人一起送至贵州息烽监狱进行秘密关押。在长期的监禁生活中，罗世文和车耀先并没有坐以待毙，他们一刻也没忘记自己共产党员的身份，利用一切可以利用的机会开展狱中斗争。罗世文经常在息烽监狱自编自印的《复活月刊》和《养正周报》上发表进步言论，充分利用这个平台进行宣传工作。

而车耀先为了掩护尚未暴露的真实身份，在各种审讯中都否认自己是共产党员，在监狱里一直低调谨慎，对不熟悉的人从不轻易表明自己的态度。在狱中，他利用机会担任了图书管理员，借着职务之便想方设法为狱友增订了《大公报》《华西日报》《新观察》和《时代》等进步报刊，甚至还将被查扣的《新民主主义论》《中国社会各阶级的分析》《大众哲学》等著作编上号作为图书出借，为身陷囹圄的同志开辟了一条信息通道。被关押期间，他还利用机会写了自传。在序言中，他写道“出身贫苦，不可骄傲；创业艰难，不可奢华；努力不懈，不可安逸。能以‘谦’‘俭’‘劳’三字为立身之本，而补余之不足；以‘骄’‘奢’‘逸’三字为终身之戒，而为一个健全之国民，则余愿已足矣。夫复何恨哉！”①

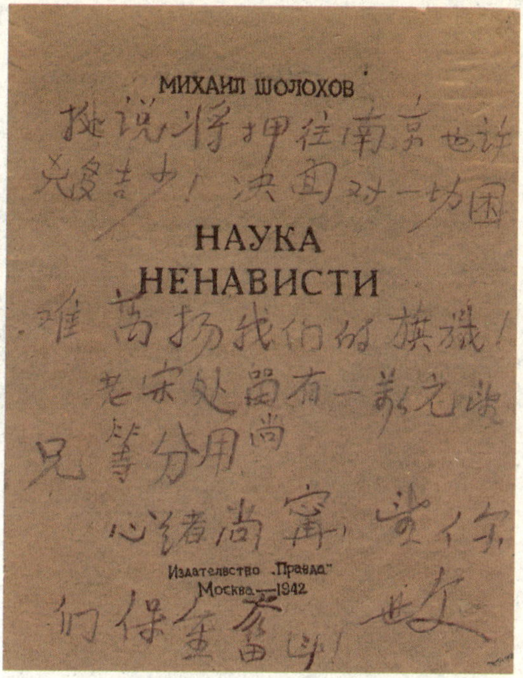

罗世文在狱中写给党组织的信

抗战胜利后，国共两党在重庆进行和谈，共产党方面向国民党提出释放全国政治犯的要求，并明确指出释放罗世文和车耀先等人。为了掩盖真相，国民党一方面搪塞说二人已病逝于狱中，另一方面立即着手开始对二人进行秘密转移。1946年7月，特务将分别化名为张世英、田光祖的罗世文和车耀先转押到重庆渣滓洞看守所，为防止消息外泄，甚至剥夺了二人放风的自由，关在重禁闭室中与世隔绝。1946年8月18日下午，特务将罗世文和车耀先骗至松林坡戴公祠停车场，

① 厉华、刘和平、王庆华、陈建新，《魔窟——来自白公馆和渣滓洞的报告》，重庆出版社，2007年版。

罗世文、车耀先之墓

将二人杀害，并浇上汽油焚毁了二人的遗体。临刑前，罗世文在一本俄文书扉页上写下了留给党的遗言："据说将押往南京，也许凶多吉少！决面对一切困难，高扬我们的旗帜！……心绪尚宁，望你们保重奋斗！"①

1955年，根据被捕的刽子手杨进兴的口供，人民政府找到了罗世文和车耀先的遗骸，将两位烈士就地合葬，周恩来亲自为他们题写了墓碑。如今，两位烈士的墓碑处，绿树环绕，青草依依，就像二人永存的革命精神那样万古长青。

[故事链接]

渣滓洞洞歌

大家一定不知道渣滓洞还有"洞歌"，就是文天祥的《正气歌》。

文天祥被俘后，决心以身报国，被囚三年后慷慨就义，在狱中写下这首诗。抗战时期，作曲家江定仙将《正气歌》谱曲，流传甚广。这首歌表现了中华民族和中国优秀知识分子的气节，被渣滓洞狱友们定为"洞歌"。1949年，渣滓洞狱友在春节大联欢中集体合唱的正是这首歌。

① 厉华、刘和平、王庆华、陈建新，《魔窟——来自白公馆和渣滓洞的报告》，重庆出版社，2007年版。

“小萝卜头”

在重庆歌乐山烈士陵园三百多位革命烈士里，有一位年龄最小的烈士，他就是“小萝卜头”宋振中。

宋振中之像

宋振中的父亲宋绮云是西北文化日报社副社长兼总编，根据党的指示，在杨虎城部从事统战工作，为建立抗日民族统一战线，促成西安事变和平解决做出了贡献。他的母亲徐林侠曾是中共江苏邳县第一任妇女委员。1941年9月，宋绮云被捕，随后徐林侠被特务诱捕，年仅八个月的宋振中也随母亲一起被关进了监狱。匮缺营养的监禁生活，严重影响了他身体的正常发育——大大的脑袋，瘦小的身子，因此难友们心疼地称他为“小萝卜头”。

“小萝卜头”失去自由被关进监狱时是一名婴儿，被国民党反动派杀害时也仅仅是一个八岁的儿童！监狱恶劣的环境，狱吏的残暴，革命者的英勇斗争和兄弟般的友爱，在他幼小的心灵里留下了深刻的印象。

1946年7月，“小萝卜头”全家由息烽监狱被转囚至重庆白公馆看守所。冬去春来，“小萝卜头”到了上学的年龄。他的爸爸妈妈向狱方提出要求，希望能让“小萝卜头”去读书，遭到狱方拒绝。宋绮云、徐林侠夫妇据理力争，难友们也积极地声援，狱方被迫同意让关

宋绮云

徐林侠

在楼上的东北军将领黄显声教他学习。“小萝卜头”要“上学”了！没有笔，爸爸宋绮云把树枝在地上磨尖了当笔。没有墨，妈妈把破布和棉花烧成灰放在小碗里，然后兑上水当墨水。监狱里的叔叔、阿姨省出一张张草纸，为他做了几个练习本。每天在规定的时间里，“小萝卜头”由特务押到楼上上课，学完再押回女牢。没有课本，没有黑板，没有讲台，没有课桌，只有一个老师，一个学生，旁边还有一个特务。特务监视着老师讲的每一句话，学生写的每一个字。

黄显声将军给“小萝卜头”讲地理，告诉他中国有多大；给他说历史，讲历史英雄人物故事；教他画图画、写字；教他怎样学习做人；还教他俄语。他懂得学习机会来之不易，因而格外认真刻苦。上课时，他总是全神贯注地听，凭记忆把黄伯伯讲的东西记下来。回到牢房，他就用黄泥粉笔或石头在地上练习写字。每天睡觉前，他总要躺在床上默默背诵当天学的课文，早上早早起床站在铁窗下学俄语发音。黄显声送了一支红蓝铅笔给他，作为对他勤奋学习的奖励。“小萝卜头”十分珍惜这支短短的铅笔，只有在做作业时才使用。

“小萝卜头”虽然年龄不大，却从父辈那里学会了怎样帮助别人。监狱里有一个花白胡子的老头儿疯疯傻傻，从不说话，他就是《红岩》小说中“疯老头”的原型韩子栋。韩子栋于1932年加入中国共产党，1934年被捕，先后在贵州、重庆被关押。在一次枪杀政治犯时，敌人让他去陪斩，他装着吓傻了。从那开始，他每天总是机械地、神经质地用他那枯黑的脚板，一圈一圈地围着监狱围墙跑。有时候，他还蹲在墙角，嚼着一块一块的锅巴，他的牙已经掉光了，硬硬的锅巴磨着他的牙床，常常咬得满嘴血沫。他不论春夏秋冬，还是刮风下雨，天天沿着监狱的院墙跑，谁也不搭理。特务说他疯了，都叫他“疯老头”。“小萝卜头”知道“疯老头”爱吃锅巴，特地叫妈妈把饭里面的锅巴省下来，送给“疯老头”。他从妈妈那里知道，“疯老头”是好人，也是被特务抓进来的。在白公馆，韩子栋、许晓轩和谭沈明成为领导狱中斗争的核心，积极研究越狱计划。为了实施越狱计划，首先要摸清所有被关押的难友情况。通过“小萝卜头”来回带纸条传递消息，狱中党员沟通了情况，决定让韩子栋一个人越狱逃跑。“小萝卜头”成了情报传递员，每天都有难友要他带一些纸条给“疯老头”，而“疯老头”并没有反应。有一天，妈妈做了一件新衣，叠得整整齐齐地放在一个枕套里，让“小萝卜头”送给“疯老头”。两天以后，韩子栋抓住和特务去采购东西的机会越狱成功，历时45天，终于到了解放区。

1949年9月6日深夜，“小萝卜头”与父母，以及杨虎城将军的女儿一起被杀害于重庆歌乐山松林坡的戴公祠。事后，刽子手将四人遗体就地掩埋，并打上三合土以掩人耳目。

1987年11月27日，宋氏家属参加宋振中雕像揭幕仪式。

中华人民共和国成立后，宋振中一家的遗体才被找到，并于1950年1月随杨虎城将军的灵柩一道送至陕西安葬于长安县陵园。“小萝卜头”宋振中被评为烈士，成为为中华人民共和国建立而牺牲的最小的烈士。

有党在，我等于没死

刘国鋕

1948年4月19日，国民党重庆行辕二处处长徐远举无比欣喜，因为他接到消息，共产党重庆沙磁区学运特支书记刘国鋕已被自己的手下顺利抓捕。这个出生于泸州大富豪家庭的少爷，让徐远举感到前所未有的轻松，他甚至可以预料这个身娇肉贵的年轻人根本撑不到用刑便会什么都招了，这样一个备受娇宠的富贵少爷哪里会真的闹革命，不过是图新鲜、赶时髦、耍个性而已。于是，徐远举决定亲审此人。

当徐远举会同保密局行动处处长叶翔之和重庆站站长颜齐对刘国鋕进行审讯后，他内心的喜悦渐渐被刘国鋕的沉默和一连串的“不知道”冲刷得越来越淡。徐远举忍不住烦躁起来，对刘国鋕说：“你的上级已经将你出卖了，你不说我们也知道。你这万贯家财的少爷，搞什么共产党啊？只怕你的皮肉娇嫩，吃不消！”[①]然而刘国鋕只是轻蔑地看着他一言不发，徐远举见状继续恐吓道：“你家有钱有势，你有吃有喝，你闹什么共产党？你共谁的产？你要知道，这共产是闹不

① 厉华、刘和平、王庆华、陈建新，《魔窟——来自白公馆和渣滓洞的报告》，重庆出版社，2007年版。

得的，要坐班房，挨杀头的！”[1]然而刘国铥听到这些话连眼睛都没有眨一下，徐远举被一再刺激，失去耐心道：“你的上级冉益智、刘国定什么都知道，他们都说了，你说不说其实都一样，这是看你态度老实不老实！”[2]刘国铥这才冷笑着回应道：“既然刘、冉二人什么都知道，你请问他们好了，又何必来问我呢？你再问我，我也是什么都不知道！”[3]听到此言，徐远举被彻底激怒了，他万万没想到这个原以为可以轻松拿下的富家少爷是个硬骨头，他气急败坏地下令对不识抬举的刘国铥用刑，看看他要如何嘴硬到底。特务花样百出地用尽酷刑后，刘国铥依然没有屈服，他只是咬紧牙关，以愤恨的目光仇视着这些黔驴技穷的特务。最终，徐远举一无所获，只得下令将刘国铥带上镣铐投入牢房。

刘国铥，出身于泸州的一个豪门望族，当时正是中国人民掀起轰轰烈烈爱国热潮的时代，在这样的大环境中，他走上了共产主义道路，于1941年初在西南联合大学叙永分校加入中国共产党。毕业后，他响应中共中央南方局革命青年“到敌后去，到农村去”的号召，到条件艰苦的云南陆良开展革命工作。1945年，他回到重庆，住在亲戚何北衡家里，先是在《商务日报》做记者，次年又到四川省银行经济研究资料室工作。

1946年7月，闻一多、李公朴先生相继在昆明遇刺，刘国铥极度悲愤。8月20日，他署名刘钢在《新华日报》上发表了《略论闻一多先生》的文章，文章最后写到：“为了民主的文化和政治，为了中国的革命，闻先生付出了生命，这是中国学者的光荣，这是中国文人的范型，全中国的知识分子们呵，闻先生的道路应当就是我们的道路。联合起来，沿着闻先生的道路前进！”[4]

1947年，刘国铥担任中共重庆沙磁区学运特支书记，他既善于团

---

①②③④ 厉华、刘和平、王庆华、陈建新，《魔窟——来自白公馆和渣滓洞的报告》，重庆出版社，2007年版。

结同志，充分发挥特支委员的作用，又能根据实际情况提出切实可行的计划和办法，在领导群众斗争中识别和考察干部，发展了一批共产党员。

1948年初，英国殖民主义者在九龙修飞机场，强迁中国居民住房，引起民愤，各大城市的居民纷纷开展游行示威活动。刘国鋕组织学生进行讨论，引导大家把反美反英联系起来，并且部署计划了以重庆大学学生为主体的一次全市性学生大示威游行。这次游行充分显示了刘国鋕作为一个成熟的党的学运组织者、宣传者的卓越才能。

刘国鋕被捕后，他的大家庭通过各种途径动员了方方面面的关系向徐远举托情送礼，希望对刘国鋕“网开一面”。对于徐远举而言，释放刘国鋕不过是举手之劳，但是刘国鋕在狱中不止一次的审讯和拷打之下的坚定表现都让他颜面扫地。无论怎样逼供，刘国鋕的回答不外是那几句：“我自愿背叛我的家庭，我不是受任何人指使而是自觉自愿参加共产党的。我心甘情愿为人民牺牲自己！”“我是共产党员，你们没有抓错。杀不杀我，你们有权；交不交组织，我有权。要杀是可以的，要我交出组织是永远办不到的。”①因此，释放刘国鋕的事被一拖再拖。

面对徐远举的拖延，刘家只好改变策略，请回刘国鋕在香港开公司的五哥刘国錤，刘国錤是国民党四川省建设厅厅长何北衡的女婿。为了营救弟弟，刘国錤带回许多礼物上上下下打点特务机关，还专门给徐远举送了一个纯金的香烟盒、一只名贵的劳力士女用金表和其他财物。徐远举收受了刘家的贿赂，加之各方说情，终于松口同意放人，但要求刘国鋕必须登报声明退出中共组织。

刘国錤满心欢喜地将这一消息带到狱中，劝说刘国鋕在《退党声明书》上签字，连出狱后的路都替刘国鋕筹划好了，要么送他去美国留学，要么跟随自己到香港经商。但刘国鋕并未因此而动摇。他坚

① 曾紫霞，《刘国鋕》，重庆出版社，1983年版。

定地摇头说道：“我死了，有党在，我等于没有死；如果出卖组织，我活着也没有什么意义。”[1]无论焦急的五哥如何苦口婆心地劝说，刘国铉铁了心要求释放必须是无条件的，否则宁愿坐穿牢底。经此一举，徐远举对刘国铉更是恼恨不已。

略論聞一多先生

刘国铉在《新华日报》发表的文章《略论闻一多先生》

重庆解放前夕，刘家对刘国铉进行了最后的营救。这一次，刘国镇甚至给徐远举开出了一张空白支票，让他随便填写金额，唯一要求就是降低条件放人。然而徐远举非常坚持，要求刘国铉至少要认错写《悔过书》，刘国镇最后想出个折中的办法，他代弟弟写《悔过书》，弟弟签字即可，徐远举勉强同意。然而，刘国铉对此表现得异常坚定，要求释放必须是无条件的，否则宁愿牺牲也不签字。

1949年11月27日，刘国铉在大屠杀中英勇牺牲，年仅29岁。

虎穴七英铸忠魂

1940年初春的一天，坐落在重庆佛图关下的国民党军统电讯总台，一反常态，又是更换密码、清理文件，又是搜查、逮捕、审讯人员，忙成一团。

①厉华，《红岩档案解密》，中国青年出版社，2008年版。

张露萍

原来，这个最森严、最机密的特务首脑机关里竟然有一个共产党的“红色电台”！戴笠万万没有想到，共产党竟在他一手控制的军统电台里设立了一个秘密支部，并用他的电台、他的密码搜集情报，甚至直接向延安发报。戴笠暴跳如雷，大怒道：“我们的电台快成共产党的电台了！”①

搞得戴笠狼狈不堪的，就是共产党打入军统电台的特别支部，人称“虎穴七英”的张露萍、张蔚林、冯传庆、赵力耕、杨洸、陈国柱、王锡珍。

早在1939年10月，军统局电讯处科员张蔚林，电讯总台领班、报务副主任冯传庆，就在周公馆内由叶剑英主持入党，他们在党旗下发出了“为共产主义事业奋斗到底”的誓言。两人入党后，平时与他们关系密切并有共同抗日爱国志向的赵力耕、杨洸、陈国柱、王锡珍也在其影响下被吸收为共产党员。几个同志入党后，新婚不久的张露萍被从延安派来重庆，由于她入党时间早，有一定的工作经验，而且出身于四川军阀家庭，具有城市姑娘的气质和风度，很适合做联络工作，于是党组织决定让她以张蔚林妹妹的身份，在牛角沱租了一间房子，组建军统电台特支，建立起新的联络站。从此，穿着入时、气质出众的张露萍常常来往于军统电讯总台和军统人员宿舍，以看望哥哥张蔚林及哥哥的朋友冯传庆等人为名，给他们传达党的指示，并将他们搜集到的情报及时转送中共中央南方局军事组，甚至情况紧急时可直接向延安发报。

他们将军统的电报密码、电台呼号、波长、军统内部组织情况等

① 厉华、刘和平、王庆华、陈建新，《魔窟——来自白公馆和渣滓洞的报告》，重庆出版社，2007年版。

情报及时向中共中央南方局报告。曾经一个特务潜伏小组准备打入延安，由于电台特支提供了准确的情报，使这个特务小组还未进入延安即被抓获。电台特支由张露萍负责，受中共中央南方局军事组直接领导，不与川东地下党发生横向联系。军统电台特支源源不断送出的情报，对打退国民党掀起的第一次反共高潮，避免特务机关对中共地下党组织的袭击和破坏，发挥了重要作用。

1940年2月，由于张蔚林在工作时不慎烧坏了电子管，特务借机搜查了他的住处并逮捕了他。在特务对电讯总台进行大搜捕时，冯传庆正在电台值班，他机警地翻墙逃出，一路狂奔到周公馆。叶剑英亲自安排他转移去延安，临行前见他穿得单薄，还将自己的一件皮大衣送给了他。冯传庆从周公馆秘密通道过了嘉陵江，疲惫不堪地在一个鸭棚睡着了，第二天被鸭棚主人告发而被捕。此时，张露萍正在成都探亲，特务用一封假电报诱捕了她。随后，赵力耕、杨洸、陈国柱、王锡珍也相继被捕。

张露萍等七人被捕后，戴笠亲自主持审讯，他绞尽脑汁却一无所获。遭受了酷刑拷打，威逼利诱，但七位坚强的共产党员没有一个人在《悔过书》上签字。几天后，黔驴技穷的特务玩了一个花招，让张露萍在曾家岩50号的周公馆附近出入，妄图“放长线钓大鱼”。张露萍昂首从周公馆门前经过，碰见熟悉的同志也故意不打招呼，还把脸绷得紧紧的，表情严肃，并借故“走不动了”跟特务大吵大闹，立刻引起具有高度警惕性的中共中央南方局工作人员的注意，使敌人的阴谋破产。

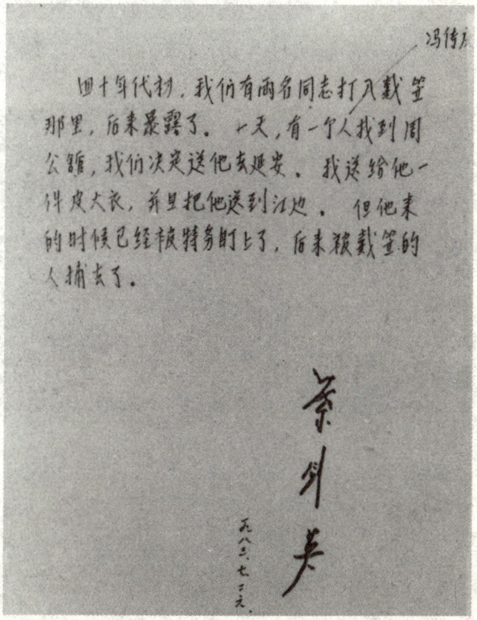
冯传庆

四十年代初，我们有两名同志打入戴笠那里，后来暴露了。一天，有一个人找到周公馆，我们决定送他去延安。我送给他一件皮大衣，并且把他送到江边。但他来的时候已经被特务盯上了，后来被戴笠的人捕去了。

叶剑英

九八三、七、二[illegible]

叶剑英亲自为七烈士写的证明材料

经蒋介石批准，张露萍等七人被钉上死镣，囚于白公馆。1941年3月，同白公馆其他重犯一道，他们被转押至贵州息烽监狱。在狱中，他们严守共产党员的组织纪律，保守党的秘密，信仰坚定。由于是以“军统违纪分子”的身份入狱，他们还常常受到难友的误解和排挤，但他们没有因此动摇和辩解，甚至到牺牲都没有暴露自己的身份。他们顽强地坚持学习，互学英语、日语，还用日语对话，并积极参加狱中反对监狱当局的斗争。陈国柱因新婚不久即被捕，难友们开玩笑说他是新郎哥坐牢，而他只是笑一笑，毫无悔意。赵力耕被折磨致残，下肢瘫痪，仍不改初衷，并坦然表示：“爱国何惧死！历史将证明，我们的事业是正义的！”①

1945年7月上午，特务通知张露萍收拾行李，由专车送她和其他六人到重庆开释。张露萍知道最后的时刻到了，她轻蔑地对特务说：“你们何必隐瞒，死是决定了的，我并不害怕。”②她镇定地换上了从延安回来时穿的那套连衣裙，取出红宝石戒指戴上，然后拿出胭脂对难友说：“你再替我化一次妆吧，这是最后的一次了。”③难友悲痛难忍，在给她涂口红时手不住地颤抖，她安慰道：“你不要难过，我知道我要到什么地方去，我现在心中很坦然。”④与难友一一告别

张露萍烈士之墓

张蔚林、冯传庆、杨洸、王锡珍、陈国柱、赵力耕六烈士之墓

①②③④ 厉华、刘和平、王庆华、陈建新，《魔窟——来自白公馆和渣滓洞的报告》，重庆出版社，2007年版。

张露萍等七烈士陵园

后，她昂首走出门去。

押运的汽车驶到军统快活岭仓库，特务以搬军服为借口叫他们下车，并押着他们向仓库的平房走去。刚走上平房前的石阶，罪恶的子弹就从背后射向七勇士的身躯，英雄们倒在了台阶上。当天下午，七位烈士被草草掩埋在附近。

七位烈士牺牲时都很年轻，张露萍牺牲时年仅24岁。由于没有暴露身份，他们的事迹一直都不为人所知，直到1983年，叶剑英经多方询问才知道他们的下落，并亲自写了证明材料，他们的英勇事迹终于大白于天下。1984年，七位烈士的遗体迁葬于新落成的快活岭烈士陵园，“虎穴七英”的忠魂终于得以安息。

高唱凯歌埋葬蒋家王朝

1947年，国民党查封了重庆的新华日报社，迫使中共代表团全体成员撤回延安。一时之间，“白色恐怖”笼罩着重庆，有人悲观，有人苦闷，甚至有少部分意志薄弱者背叛革命。为鼓舞人民的革命斗志、激励革命者在“白色恐怖”下坚持革命气节，共产党领导的进步刊物《彷徨》发表了《论气节》一文。

"气节，是中国知识分子优良的传统精神。

"什么是气节？

"就是孟子所说的'富贵不能淫，贫贱不能移，威武不能屈'的这种磅礴天地的精神。

"也就是《礼记》上所提出的'临财勿苟得，临难勿苟免'；'见利不亏其义，见死不更其守'的这种择善固执的精神。

"中国知识分子凭着这种精神，在四千多年的历史中，尽了他所应尽、所能尽的责任。

"……

1946年冬，陈然在中国工矿建设公司屋顶上留影。

"在平时能安贫乐道，坚守自己的岗位；在富贵荣华的诱惑之下能不动心志；在狂风暴雨袭击下能坚定信念，而不惊慌失措，以致于'临难毋苟免'，以身殉真理。……"①

这篇文章的作者，就是陈然。

陈然，16岁时加入中国共产党，后随抗战剧团来到重庆。新华日报社被查封后，国民党封锁新闻消息，在反动报纸上大肆炮制种种"胜利"消息，人民苦于听不到正面的消息报道。在这种情况下，陈然与彷徨杂志社的同事刘熔铸、蒋一苇把党组织从香港寄来的《群众》周刊、《新华社电讯稿》油印成册，在小范围内传看。后来，中共重庆市委与他们接上关系，将刊物定名为《挺进报》，作为市委机关报刊印发行，并成立了特别支部。刘熔

① 王庆华、厉华，《黑牢诗篇》，重庆大学出版社，1996年版。

铸任书记，后陈然任代理书记。

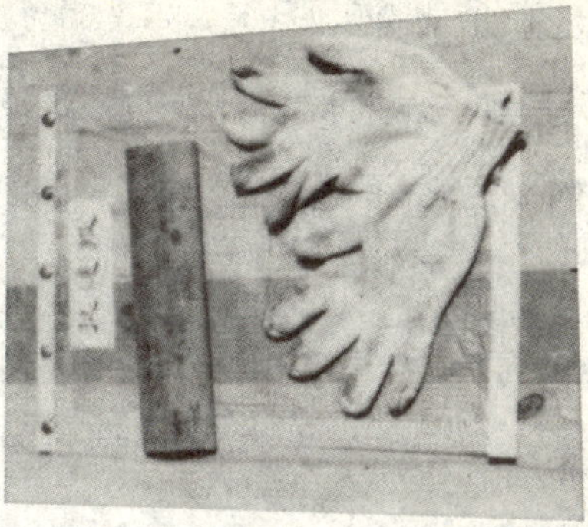

陈然刻印《挺进报》的工具

《挺进报》像黑夜中的一盏明灯，照亮了迷雾笼罩的山城，指明了国统区人民前进的方向，像一把锐利的钢刀直插敌人的心脏。从第15期起，《挺进报》开始由对内发行转向对敌攻心，以各种渠道寄送给国民党的党、政、军、警、宪、特大小头目。1948年4月，由于内奸的告密，以及重庆市委书记刘国定、副书记冉益智的叛变，《挺进报》遭到破坏。陈然在刚印完《挺进报》第23期时，不幸被捕。

陈然被捕，这令重庆行辕二处处长徐远举欣喜若狂，当即主持审讯。特务动用了几乎所有的残酷刑罚，陈然一次次昏死过去，又被一壶壶凉水浇醒。特务拿出纸笔，要他悔过自新，陈然却毫不屈服。他坚定的信念和顽强的意志，使特务一筹莫展，只好将他作为重犯关进了白公馆看守所。

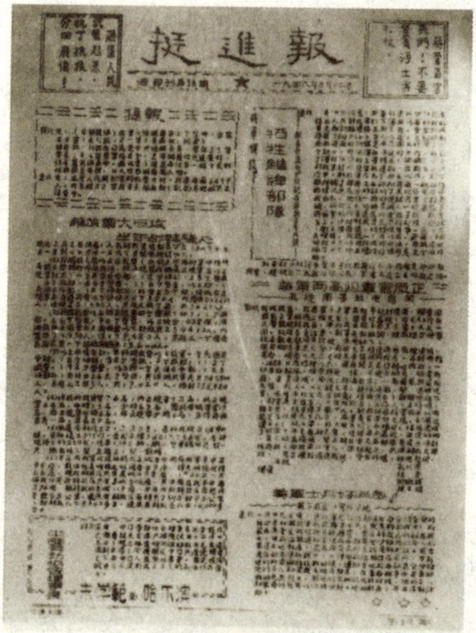
挺進報

《挺进报》第 16 期

在狱中，陈然并未失去昂扬的斗志，除了和大家总结经验教训，他还积极参加狱中斗争。被关押在白公馆二楼的东北抗日将领黄显声将军能享受一些“优待”，如每天可以看报，陈然便利用放风的机会与黄显声取得联系，从他那里借到报纸，自此便将从报上得到的共产党的消息，用仿宋字体抄在小纸条上，由秘密孔道传遍全狱。有时不方便转抄，陈然也想尽办法让难友们口口相传。陈然一直不间断地报道着新闻，被难友们称为“狱中《挺进报》”，极大地鼓舞了难友的斗志，增加了大家斗争的信心。

当中华人民共和国成立的消息传到白公馆时，陈然和同室难友一起制作了一面五星红旗，准备打着红旗，冲出牢门，迎接解放。

1948年12月，坐牢八个月的重庆城区区委书记李文祥叛变，狱中斗争的热烈气氛沉寂下来。陈然既愤怒又着急，恨叛徒的无耻，担心同志们的情绪受影响。想来想去，他决定自杀，以自己的死来谴责叛徒的怕死，以自己的死来抹去难友们心中的阴影。正当他加紧准备进行自杀计划的时候，1949年来临，蒋介石发表求和文告。局势迅急变化，他的自杀计划才没有施行。

1949年10月28日，陈然被敌人公开枪杀于大坪刑场，以他的行为实践了他的誓言。

血与火写成的历史

1949年，为挽回颓势，蒋介石于8月至11月间曾先后两次飞到重庆亲自部署“固守西南”的计划，随蒋介石到重庆的毛人凤分别向张群、杨森、王陵基及卢汉传达了台湾的决定，称“过去因杀人太少，以致造成整个失败的局面”①，又称“对共产党人一分宽容，就是对自己一分残酷”②，饬令军统西南特务机关立即清理积案，并指示杀掉杨虎城将军。

9月6日，杨虎城将军及幼子杨拯中、杨拯贵，宋绮云、徐林侠夫妇及幼子宋振中，被特务由贵州骗往重庆松林坡戴公祠秘密杀害。

10月28日，陈然、王朴等十人被公开枪杀于大坪刑场。

11月14日，江竹筠、李青林等三十人被杀害于电台岚垭。

11月23日，杨汉秀被秘密杀害于歌乐山的金刚坡。

---

①② 孙曙、陈建新、刘和平、王庆华，《红岩魂纪实系列——来自B类档案的报告》，重庆出版社，2000年版。

渣滓洞全景

11月24日，杨虎城将军的副官阎继明等被枪杀于歌乐山梅园旁的公路边。

1949年11月27日，距离重庆解放只有三天，国民党反动派在从重庆溃逃之际，对关押在集中营里的革命志士进行了灭绝人性的大屠杀！

11月27日下午4时左右，特务以“转移”“谈话”等方式分批从白公馆提人，被囚禁了十二年之久的东北军抗日将领黄显声和副官李英毅刚到步云桥，突然“砰、砰”两声枪响，特务从背后向他们射去了罪恶的子弹；被禁锢了九年的王振华、黎洁霜夫妇走出了牢房，夫妇俩同戴一副手铐，各抱着一个出生在狱中的孩子，枪声响起，一家四口倒在了血泊中；共产党员许晓轩、刘国鋕、谭沈明，中国国民党革命委员会成员王白与、黎又霖，新四军战士文泽，误入“禁区”遭监禁的冯鸿珊等……

在白公馆进行屠杀的同时，渣滓洞的屠杀也在紧张地进行。晚上11时左右，渣滓洞不断请求增援。这时白公馆还有19人，只留下了值班看守杨钦典，其余的特务赶往了渣滓洞。平时难友们就注重对杨

白公馆全景

钦典的教育和策反，使他在思想上倾向革命，同情政治犯，在此关键时刻，他毅然打开了牢门。这19人，由罗广斌指挥，每三人一组，按年龄搭配，相互照顾，逃出封锁线，分散隐蔽。还有一位叫谭谟的同志，他被押往松林坡刑场枪杀时，身中三枪未中要害，昏死过去，直至深夜时被鲜血浸醒后，爬出尸堆，往歌乐山爬去，凌晨时被附近的农民救起。

此时，已隐约可以听到隔岸传来人民解放军隆隆的炮火声，抵达渣滓洞的特务在惊恐之际改变了分批屠杀的计划，将渣滓洞关押的人员以“马上转移，要办移交”①为由，全部集中到一楼的八间男牢，并且锁上了牢门。难友们看到这一切，知道最后的时刻到了，但是面对死亡，他们没有惊慌，没有恐惧。当特务手持机枪和卡宾枪骤然出现在牢门前，疯狂地对着八间牢房扫射时，被关押的革命者高呼着“新中国万岁”“中国共产党万岁”②的口号，呼声震天。为了掩护难友从后窗突围，胡作霖挺直身躯扑向牢门抵挡敌人的射击，张学云从牢房跃起试图夺走机枪予以还击，李泽甚至已将特务手中的枪管抢

①② 厉华、刘和平、王庆华、陈建新，《魔窟——来自白公馆和渣滓洞的报告》，重庆出版社，2007年版。

红岩魂广场

至门内，然而由于牢门紧锁，枪筒卡在了门上，最终他们都倒在了罪恶的子弹之下，壮烈牺牲。疯狂的扫射停止以后，特务犹不死心，打开牢门挨个补枪，当看到最后一间牢房里两个年幼的孩子正在尸堆中爬来爬去哭喊着寻找妈妈时，已经杀红了眼的刽子手连眼皮也没有眨一下，对着幼小的孩子打出了整整一梭的子弹。补完枪后，特务又将牢房浇上汽油，纵火毁尸灭迹，整个渣滓洞男牢在瞬间陷入一片火光之中。由于刽子手忙着逃命，仍有部分同志未被击中要害，昏死过去的他们被刺鼻的烟味呛醒，从尸堆中爬起来，砸烂牢门，冲了出去。渣滓洞的围墙后面因被大雨冲刷而形成了一个缺口，大家相互搀扶着准备突围出去，然而此时围墙外的岗哨上还有没撤走的特务看到火光中人影晃动，又开枪扫射，十余人倒在了血泊之中，最后仅15人突围成功。

11月29日，特务将关押在重庆新世界监狱的32名政治犯押往歌乐山松林坡秘密杀害。此时距离重庆解放仅剩一天，特务们甚至连尸体都来不及掩埋便仓皇逃窜。

1949年11月30日下午，人民解放军进入重庆，这座历经磨难的城市终于迎来了解放。12月1日，当解放军赶到歌乐山下，他们被白公馆、渣滓洞、松林坡等处满地狼藉的惨景震惊了。山城人民一批又一批地来到歌乐山，这座浸润着烈士鲜血的山林在狂风中发出呜呜悲鸣，人们怀着极其沉重的心情收敛遇难者遗骸，共收敛遗体300余具。

中华人民共和国成立后，人民政府将烈士的遗骸合葬于歌乐山烈士墓，举行了隆重的追悼仪式，颂扬烈士们英勇不屈的斗争和可歌可泣的事迹。如今，在每年的清明节和“11 · 27”烈士殉难日，都有来自全国各地的人民群众来此扫墓以悼念先烈。人民永远记得，烈士们为了免除下一代的苦难，坐穿了牢底，奉献了生命。虽然他们的身躯已经不在，但是他们的精神永垂不朽，伴着歌乐山的风雨，像山林间的青松翠柏一般万古长存。

第二节 文物故事

一面珍贵的五星红旗

在白公馆监狱旧址的展览室里陈列着一面别致的红旗，五颗用草纸剪成的五角星排列在一床红色被面上，岁月的风霜早已褪去了它当初的鲜艳。这不是一面普通的红旗，是当时被关押在集中营里的革命先烈献给刚刚诞生的人民共和国的礼物，它饱含了先烈们对祖国的无限深情。

1949年10月1日，中华人民共和国成立的时候，重庆仍笼罩在一片“白色恐怖”之中。七天后，被关押在白公馆监狱的黄显声将军从报纸上得知了这一消息：中华人民共和国成立了，国旗是五星红旗，国歌是《义勇军进行曲》。消息通过秘密通道迅速传遍白公馆监狱的各个牢房。

白公馆监狱旧址展出的狱中难友所制的五星红旗

狱中制红旗图

当晚，被关押在平二室的刘国鋕、陈然、王朴、丁地平、毛晓初、罗广斌等人激动难抑，决定动手做一面五星红旗，等重庆解放的时候，他们要打着这面红旗冲出牢门，迎接解放！罗广斌拆下了自己的红色被面做旗面，陈然将草纸用手撕成五角星的形状，可是谁也没有见过五星红旗的样子，只能根据想象，将大五角星放在旗帜的中间，四颗小五角星环绕着大五角星。

红旗制好后，他们把牢房的楼板撬开一小块，秘密地珍藏起来。可大家的心情还久久不能平静，心中有万般激情要抒发，最后由罗广斌执笔，你一言我一语，写下了《我们也有一面红旗》。

我们有床红色的绣花被面，
把花拆掉吧，这里有剪刀，
拿黄纸剪成五颗明亮的星，贴在角上。
再找根竹竿，就是帐竿也吧！

瞧呀，这是我们的旗帜！
鲜明的旗帜，猩红的旗帜，
我们用血换来的旗帜！
美丽吗？看我挥舞它吧！

别要性急，把它藏起来呀！

等解放大军来了那天，

从敌人的集中营里，我们举起大红旗，

撒着自由的眼泪，

一齐出去！①

由于敌人抢先屠杀，参加制红旗的同志大多倒在了黎明来到之前，他们用生命和鲜血把五星红旗浸染得格外鲜艳！重庆解放后，幸存者罗广斌、毛晓初回到白公馆，从楼板下取出了这面珍贵的五星红旗。

《黑牢诗篇》

在红岩英烈留下的遗诗中，有一首诗具有特殊的意义。几张大小不一、形状不规则的草纸上，娟秀的字体密密麻麻地写着一行行诗。

蔡梦慰

热铁烙在胸脯上，

竹签子钉进每一根指尖，

用凉水来灌鼻孔，

用电流通过全身……

人的意志呀，

在地狱的毒火里熬练——

像金子一般的亮！

像金子一般的坚！②

它就是被称为“黑牢诗人”的蔡梦慰在渣滓洞监狱写下的《黑牢诗篇》，它以动情的语言赞美了革命者以无比坚强的意志经受住炼狱的考

① 杨顺仁，《囚歌》，重庆出版社，1983年版。

② 王庆华、厉华，《黑牢诗篇》，重庆大学出版社，1996年版。

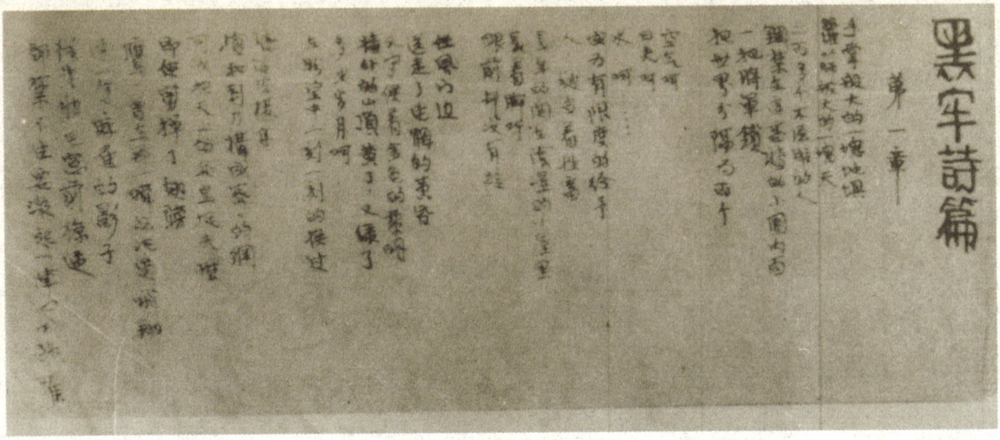
黑牢詩篇

第一章

《黑牢诗篇》第一章

验，描述了狱中斗争的宏大场面，这首诗被称为“生命的战歌”。

我们现在能看到的是这首长诗的前五章，分别是“禁锢的世界”“战斗胜利了”“意志在闪光”“欢迎啊战友”“铁窗里的等待”，共250行。从结构上来看，这显然是一篇未完成的诗歌。蔡梦慰是如何在狱卒的严密看守中写下这首诗的？发生了什么事情导致创作未完成呢？

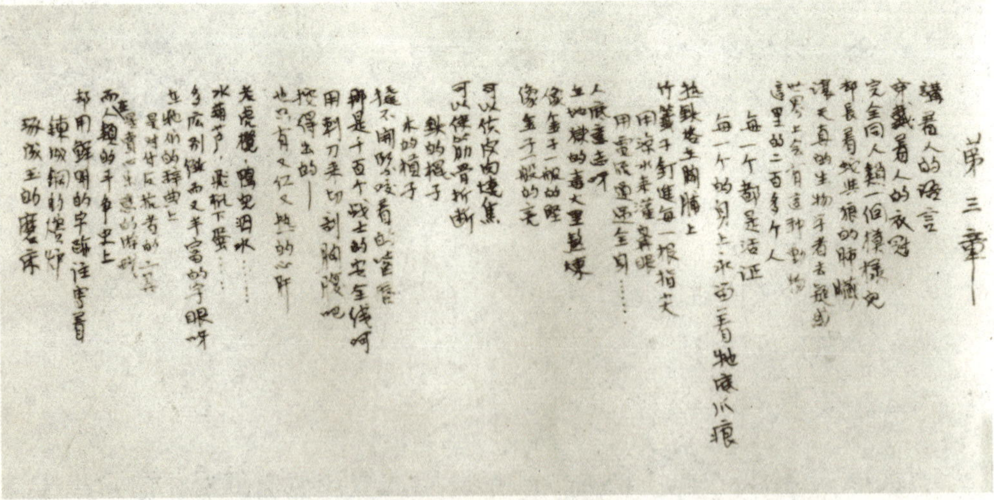
第三章

《黑牢诗篇》第三章

蔡梦慰于1924年9月出生在四川省遂宁县一个贫苦的家庭，他从小酷爱文学，靠自学成为一名记者、诗人，写了很多揭露黑暗现实、向往光明的文章，展露出了出色的写作才华。1947年5月，他到重庆主持现代书局，进行地下活动，传播进步思想。现代书局被查封后，他又办起了文城出版社，参与《挺进报》的秘密发行工作，文城出版社也成为地下党的秘密联络点。

蔡梦慰烈士雕塑

蔡梦慰被捕后，被关押在渣滓洞监狱。非人的生活待遇，压抑的监狱环境，“空气呵，日光呵，水呵……成为有限度的给予”，极限的生命状态下，一个个革命者的形象却鲜活起来，“可以使皮肉烧焦，可以使筋骨折断；”“铁的棍子，木的杠子，撬不开紧咬着的嘴唇，——那是千百个战士的安全线呵！用刺刀来切剖胸腹吧，挖得出的——也只有又热又红的心脏！”[①]他文思泉涌，一首首生命的赞歌跃然而出。没有笔，他把竹筷子削尖做成竹签子笔，蘸着用棉絮烧焦后调水而成的自制墨水，在收集到的大小不一的草纸上写下了诗篇。

在蔡梦慰创作到第五章的时候，大屠杀开始了。1949年11月27日，蔡梦慰被押到松林坡刑场枪杀。途中，他趁天黑将诗稿扔到路边的草丛中。大屠杀三天后，重庆解放了，清理刑场的同志从路旁的荒草丛中发现了这份珍贵的遗稿。

宁关不屈

在重庆红岩革命历史博物馆文物库里，有一件极其珍贵的国家一级文物，这是一张巴掌大的香烟内包装纸，上面用铅笔写的“宁关不

① 王庆华、厉华，《黑牢诗篇》，重庆大学出版社，1996年版。

许晓轩

屈”，落款是“安”。这是许晓轩烈士1941年被关押在重庆望龙门监狱时由狱中带给胞兄许瘦峰的。

许晓轩，学名永安，字小轩，1916年10月出生于江苏省江都县，1935年进入无锡公益铁工厂工作，抗战爆发后随工厂搬迁来到重庆。到重庆后，他积极参加党组织的活动，表现突出，于1938年5月加入中国共产党。

1939年春，许晓轩担任川东特别委员会青年学术委员会宣传部部长，后调任重庆新市区区委委员。

1940年4月的一天晚上，他在大溪沟兵工厂开会时不幸被捕。

许晓轩被捕后，先被关在重庆望龙门监狱，后转押至白公馆看守所。他的家人四方打听，通过各种关系营救他。见来硬的不行，特务便利用家人对他的营救进行诱骗，只要他写脱党声明便释放他，并为他介绍工作。许晓轩回答：“要枪毙请便，要我签字休想！”[①]

为了使家人了解自己革命到底的决心，许晓轩用铅笔在包香烟的薄纸上写了“宁关不屈”，然后托人带给哥哥许瘦峰。重庆解放后，许瘦峰将这件珍贵的文物捐赠给了重庆红岩革命历史博物馆。

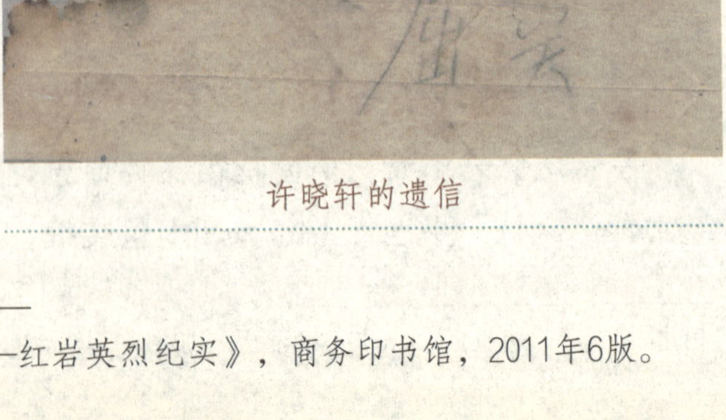
宁关不屈
安

许晓轩的遗信

1941年秋，许晓轩与其他难友一起被

① 厉华，《信仰的力量——红岩英烈纪实》，商务印书馆，2011年6版。

从白公馆转押到息烽监狱。息烽监狱主任周养浩叫许晓轩在院内两棵大核桃树上刻上“忠于党国”和“先忧后乐”的标语，许晓轩先在一棵树上刻上了“先忧后乐”，随后灵机一动，故意从梯子上摔下来摔伤了脚，再也不能爬树了，“忠于党国”也就再没刻了。

许晓轩在息烽监狱的一棵核桃树上刻的“先忧后乐”

1947年，息烽监狱撤销后，许晓轩又与其他难友被转押回白公馆。他曾利用到狱外做苦工的机会，在野地里挖回一棵石榴树苗，栽种在白公馆的放风坝里。六十多年过去了，现在这棵树已长得根深叶茂，年年开出火一样红的石榴花。

1949年11月，敌人开始了大规模的屠杀。赴刑场前，许晓轩从容地对难友说：“请转告党，我做到了党教导我的一切，在生命的最后几分钟，仍将这样……”①

伴随着枪声和口号声，许晓轩倒在血泊中，他无愧于一个共产党员的光荣称号！

① 四川党史人物传编辑部，《四川革命烈士传第一卷》，四川省社会科学院出版社，1983年版。

第三节 活动设计

读《红岩》小说，学习红岩英烈的事迹，然后开一次班会，讲述红岩英烈的故事。

第四章 参观攻略

第一节 景区概况

重庆红岩联线文化发展管理中心（重庆红岩革命历史博物馆）成立于2007年，地跨重庆市沙坪坝区和渝中区，是重庆市文化委员会直属正厅（局）级公益性文化事业单位，由1958年成立的红岩革命纪念馆、1963年成立的重庆歌乐山革命纪念馆、2011年成立的中国民主党派历史陈列馆三个主体馆整合而成，有文物景点42处，其中对外开放景点24处，是国家一级博物馆、全国十大红色旅游景区、全国爱国主义教育示范基地、全国廉政教育基地、全国统一战线传统教育基地、全国机要系统革命传统教育基地、中共重庆市委党校党性教育基地，平均每年接待全国各地观众超过600万人次。

景区线路图

重庆红岩革命历史博物馆现有常设展览十余个，除反映中共中央南方局历史功绩的《千秋红岩——中共中央南方局历史暨文物陈列》，反映白公馆、渣滓洞革命烈士斗争事迹的《红岩魂》展览，反映中国共产党与各民主党派、工商联、无党派人士共同创立和建设新中国伟大历程的三大基本陈列展览外，还开放了中共中央南方局和八路军重庆办事处旧址、新华日报社旧址、曾家岩50号周公馆旧址、双十协定签字处——桂园旧址、特园康庄旧址、渣滓洞看守所旧址、白公馆看守所旧址等24个全国重点文物保护、市级重点文物保护景点复原陈列。

目前，重庆红岩革命历史博物馆拥有馆藏10万余件，文物共6321件，其中一级文物227件，二级文物284件，三级文物2749件，逐步建立了以中共中央南方局文物、抗战文物、中国民主党派相关文物等为主的馆藏文物体系，涵盖了1840年以来与革命事迹和革命人物密切相关的各类书籍报刊、书法绘画、织绣、陶瓷器、金属器等多个文物门类。

第二节 主要景点

红岩村

红岩村主要由红岩革命纪念馆（新陈列馆）、中共中央南方局和八路军驻重庆办事处旧址等建筑群构成。

红岩革命纪念馆

红岩革命纪念馆（新陈列馆）于1999年3月动工修建，占地1780平方米，建筑面积5300平方米，展厅面积4900平方米，馆名“红岩革命纪念馆”是1959年建馆之初由董必武亲笔题写的。新陈列馆内设有反映中共中央南方局历史功绩的《千秋红岩——中共中央南方局历史暨文物陈列》展览。

中共中央南方局和八路军驻重庆办事处旧址座落于重庆市渝中区红岩村52号。该楼占地面积501平方米，建筑面积1186平方米，整幢楼房为土木穿斗式结构，是原公开机关八路军驻重庆办事处和秘密的中共中央南方局机关办公驻地。毛泽东、周恩来、董必武、叶剑英等都曾在此办公住宿。1939年初，中共中央南方局和八路军驻重庆办事

八路军驻重庆办事处大楼

红岩广场

处在重庆成立，最初将办公地设在城内的机房街70号，但由于城内住房不够使用，加上容易遭到日机轰炸，很不安全，因此，周恩来到重庆后指示在城区近郊另觅新址，在地下党的帮助下选中了饶国模的大有农场，饶国模当即划出地皮供中共修建办公住宿大楼。皖南事变以前，这里也是新四军驻重庆办事处。

曾家岩50号周公馆

曾家岩50号周公馆

曾家岩50号周公馆座落在重庆市渝中区中山四路的东端尽头，占地面积364平方米，建筑面积882平方米，是中共中央南方局设在城区的办公地点。1939年初，中共中央南方局考虑到办事处住房紧张，而曾家岩地处市区，靠近国民政府，会客访友和与各界人士接触都很方便，十分有利于开展工作，邓颖超遂以周恩来时任国民政府军事委员会政治部副部长的名义，租用了曾家岩50号主楼和三楼的全部以及二楼东边的三间房屋，对外称作周公馆，实际上是中共中央南方局部分机构所在地。中共代表周恩来、董必武、叶剑英、林彪、王若飞等人在重庆期间也常住于此。

周恩来雕塑

桂　园

桂园座落在重庆市渝中区中山四路北边的路旁，占地面积700平方米。这里原为国民政府军事委员会政治部部长张治中将军的公馆，据传因院内主楼前有两株碗口粗细的桂花树，每年秋天开花之时，满

桂　园

桂园客厅

院花香馥郁，因此而得名。抗日战争胜利后，1945年8月，毛泽东赴重庆谈判，素有“和平将军”之称的张治中先生将桂园让出，作为毛泽东、周恩来白天在城内的办公会客的场所和国共双方代表谈判的地点之一。毛泽东在重庆45天的时间里，白天常在此会客办公，国共双方代表亦在此数次商谈，并于1945年10月10日在桂园客厅签署《政府与中共代表会谈纪要》（即双十协定）。

特　园

中国民主党派历史陈列馆

特园展区由中国民主党派历史陈列馆和康庄旧址组成，位于重庆市渝中区上清寺嘉陵江大桥南桥头嘉陵桥东村。抗战期间，康庄是著名爱国民主人士鲜英（鲜特生）先生公馆的一部分，因其女儿鲜继康的“康”字而得名，由两幢两两相连的西式三层楼房组成。中国民主党派历史陈列馆占地1043平方米，建筑面积1577平方米，陈列展览面积1100平方米。该馆内设“中国民主党派历史陈列”展览，展

特园康庄

示了各民主党派与中国共产党风雨同舟、荣辱与共的光辉历程。

渣滓洞看守所旧址

渣滓洞原为一个小煤窑，因出产的煤质量不好，渣多煤少而得名。1943年，军统局逼死矿主，霸占煤窑，设立看守所，将白公馆的政治犯全部迁于此关押。看守所分内外两院，外院为特务办公室、刑讯室等，内院一楼一底16间房间为男牢，另有两间平房为女牢。1947年4月曾一度关闭，同年12月又重新开启。1949年11月27日，国民党特务溃逃前夕在这里策划并实施了震惊中外的大屠杀，仅15人脱险。

渣滓洞看守所旧址

渣滓洞看守所旧址内院

白公馆看守所旧址

白公馆原为四川军阀白驹的郊外别墅。1939年，军统局将此改建为看守所，用来关押政治犯，原一楼一底的十余间住房改为牢房，地下储藏室改为地牢，后山的防空洞改为刑讯洞。1943年，中美特种技术合作所成立，白公馆被作为中美合作所第三招待所，关押人员被迁往渣滓洞。抗战胜利后，白公馆被作为特别看守所。1947年春，渣滓洞关押的人员又被迁回白公馆关押。抗日爱国将领黄显声、同济大学

白公馆看守所旧址

白公馆看守所旧址内院

校长周均时、宋绮云和夫人徐林侠及幼子“小萝卜头”宋振中、《挺进报》代理书记陈然、沙磁区学运特支书记刘国鋕都曾被囚禁于此。1949年11月27日，国民党特务对关押在此的革命者进行了大屠杀，仅20人脱险。

歌乐山烈士陵园

歌乐山烈士陵园除白公馆、渣滓洞等遗址类建筑外，还包括红岩魂陈列馆、烈士墓、红岩魂广场等。

红岩魂陈列馆建成于1963年，原址为中美特种技术合作所阅兵台，其名称在建馆之初为重庆中美合作所集中营美蒋罪行展览馆，随着《红岩魂》展览在全国的影响不断扩大，1999年改名为红岩魂陈列

红岩魂陈列馆

烈士群雕及烈士墓

烈士墓

馆。陈列展览名称也由原《歌乐忠魂 世代英华——中美合作所暨军统集中营史实展览》更名为《红岩魂——白公馆、渣滓洞革命烈士斗争事迹展览》。

烈士墓原为中美特种技术合作所特警班大礼堂，重庆解放前夕，国民党特务在溃逃时将其炸毁。重庆解放后，人民政府将前后殉难的三百多名烈士的遗骸合葬于原废墟上，并于1955年修建了烈士墓园和烈士纪念碑。1956年，四川省人民政府将这里定为省级文物保护单位。1986年，由重庆市千百万少年儿童集资和政府拨款修建的大型群雕《浩气长存》落成，取代原来的烈士纪念碑。

红岩魂广场是全国第一个以烈士精神命名的广场，在纪念“11 · 27”革命烈士殉难50周年之际修建而成。红岩魂广场分为瞻仰

红岩魂广场（一期）

红岩魂广场（二期）

区和纪念区两个部分，气势恢宏，格调沉稳。红岩魂广场于2007年进行了扩建。

景区二维码

红岩革命历史博物馆红岩文化景区语音导览系统目前已遍及渣滓洞、白公馆、红岩村等十个主要景点，观众可以通过扫描景区内的二维码获取语音讲解等相关服务。

语音导览系统除了能用来听免费讲解外，还能让观众了解更多的景区信息，包括故事史料、历史图片、珍贵视频等。红岩文化景区语音导览系统于2015年年初进行了改版升级，升级后的语音导览系统与当下最热门的全景技术相结合，观众在听讲解的同时，还能在手机或电子设备上进行720度的全景游览。

注意事项

开放时间：9:00—17:00（16:30止票，17:00闭馆），全年无休。

参观方式：免费参观，领票入场。

温馨提示：因博物馆景点众多且四处分散，横跨沙坪坝、渝中两区，旧址大多依山而建，最好能在上午抵达景区，以保证充裕的参观和休息时间。景区内禁止吸烟、吃食，参观时注意衣着整齐，严禁在景区内大声喧哗、嬉戏打闹。

第三节 交通线路

公交线路

1. 公共交通

乘坐210路、215路、234路、262路、318路、501路、821路、808路公交车可到达红岩村、烈士陵园等景点。

乘坐114路、118路、124路、128路、132路、138路、145路、168路、181路、411路、461路、465路、601路、602路、605路、615路、8181路、872路、881路公交车可到达特园。

2. 轨道交通线路

地铁1号线：由小什字到尖顶坡对发，早上6:30开班，晚上22:30收班，最高票价7元，途经烈士墓。

轻轨2号线：由较场口到鱼洞对发，早上6:30开班，晚上22:30收班，最高票价6元。途经牛角沱（紧邻上清寺）、曾家岩。

轻轨3号线：由江北机场到鱼洞对发，早上6:30开班，晚上22:30收班，最高票价7元。途经牛角沱（紧邻上清寺）。

景区导游车线路

重庆红岩革命历史博物馆为方便观众参观，开通了景区导游车服务项目。从烈士陵园到渣滓洞循环发车，早上9:30开班，下午15:30收班，每半小时一班（国庆和春节黄金周坐满即走，收班时间视当日参观量适当延长），全程票价20元，单程票价10元，停靠烈士陵园、白公馆、梅园、渣滓洞四个景点。每班车均配备随车导游进行免费讲解服务。

第四节　周边旅游景点

红岩村周边景点

1. 重庆天地

公交线路：乘坐210、215、262、318、808路公交车在重庆国际商务区站下车即到

轨道线路：乘坐轻轨2号线在李子坝站下车换乘公交车前往

2. 李子坝抗战遗址公园

公交线路：乘坐210、215、262、318、501、808路公交车在轨道李子坝站下车即到。

轨道线路：乘坐轻轨2号线在李子坝站下车即到

特园周边景点

1. 重庆市人民大礼堂

公交线路：乘坐132、262路公交车在大礼堂站下车即到

轨道线路：乘坐轻轨2号线在曾家岩站下车后步行前往

2. 三峡博物馆

公交线路：乘坐132、262路公交车在大礼堂站下车后步行前往

轨道线路：乘坐轻轨2号线在曾家岩站下车后步行前往

歌乐山烈士陵园周边景点

1. 磁器口古镇

公交线路：乘坐808路公交车在磁器口站下车即到

轨道线路：乘坐地铁1号线在磁器口站下车后步行前往

2. 歌乐山森林公园

公交线路：乘坐210路公交车在白公馆站下车后步行前往

参考书目

1. 童小鹏，《在周恩来身边四十年》（上），华文出版社，2015年版。
2. 《伍云甫日记》，《南方局党史资料》，1987年第1期。
3. 重庆红岩革命历史博物馆，《红岩精神与群众路线教育故事读本》，重庆出版社，2014年版。
4. 金冲及，《周恩来传》（二），中央文献出版社，1988年版。
5. 重庆市政协文史资料研究会、中共重庆市委党校、中国第二历史档案馆，《国民参政会纪实（续编）》，重庆出版社，1987年版。
6. 厉华，《红岩风骨》，重庆出版社，2012年版。
7. 重庆红岩革命历史博物馆，《红岩精神与党的群众路线——群众路线教育实践活动培训教材》，重庆出版社，2014年版。
8. 中国人民政治协商会议重庆市渝中区委员会文史资料委员会，《重庆市渝中区文史资料第17辑 渝中文物史话》，2007年。
9. 中共四川省委党史研究室，《毛泽东与四川》，四川人民出版社，1995年版。
10. 刘树新、叶文益，《张文斌同志传略》，《广东党史通讯》，1984年第5期。
11. 于友，《胡愈之》，群言出版社，2008年版。
12. 重庆红岩联线文化发展管理中心，《故事红岩》，重庆出版社，2011年版。
13. 中共咸宁市委党史办公室、咸宁市地方志办公室、咸宁市政协文史委员会，《何功伟烈士纪念文集》，中国医药科技出版社，1990年版。
14. 南方局党史资料征集小组，《南方局党史资料大事记》，重庆出版社，1986年版。
15. 中共梧州市委党史办公室，《鸳江英烈第一集》，广东人民出版社，1992年版。
16. 《悼张淮南先生》，《新华日报》，1941年11月19日。
17. 张鲁鲁、王明湘、刘立群，《雾都明灯——红岩》，中国大百科全书出版社，1998年版。

18. 白寿彝，《中国通史 第十二卷.近代后编（1919—1949）》（下），上海人民出版社、江西教育出版社，2013年版。
19. 黄炎培，《延安五日记》，《国讯》1945年10月第400期。
20. 中共中央文献研究室，《毛泽东年谱》，人民出版社、中央文献出版社，1988年版。
21. 赵东皋，《鲜英与民主之家》，中国社会出版社，2003年版。
22. 沈自强，《毛泽东与张澜先生会见的回忆》，《四川盟讯》，1983年第6期。
23. 张治中，《张治中回忆录》，华文出版社，2007年版。
24. 范小方、毛磊，《国共谈判史纲》，武汉出版社，1996年版。
25. 舒风，《周恩来与张治中》（上卷），华文出版社，2012年版。
26. 余湛邦，《张治中与中国共产党——张治中机要秘书回忆录》，中共中央党校出版社，1991年版。
27. 厉华、刘和平、王庆华、陈建新，《魔窟——来自白公馆和渣滓洞的报告》，重庆出版社，2007年版。
28. 曾紫霞，《刘国鋕》，重庆出版社，1983年版。
29. 厉华，《红岩档案解密》，中国青年出版社，2008年版。
30. 王庆华、厉华，《黑牢诗篇》，重庆大学出版社，1996年版。
31. 孙曙、陈建新、刘和平、王庆华，《红岩魂纪实系列——来自B类档案的报告》，重庆出版社，2000年版。
32. 杨顺仁，《囚歌》，重庆出版社，1983年版。
33. 厉华，《信仰的力量——红岩英烈纪实》，商务印书馆，2011年版。
34. 四川党史人物传编辑部，《四川革命烈士传第一卷》，四川省社会科学院出版社，1983年版。